田漢《でんかん》★聶耳《ニエアル》
中国国歌
八十年

田偉
TIAN WEI

論創社

尊敬する先生を偲んで

作曲家・聶耳《ニエアル》先生

作詞家・田漢《でんかん》先生

聶耳先生の墓を訪れた田漢先生（右から二人目、1953 年・昆明）

田漢先生の追悼会（1979 年 4 月 25 日、北京市・八宝山革命公墓）には、
胡耀邦党総書記、華国鋒首相、中日友好協会の廖承志初代会長、孫文夫人の宋慶齢女史、
周恩来総理夫人の鄧穎超女史ら、新中国の要人が参列。故人の遺徳を偲んだ
© 新華社

聶耳先生　没後八十年「碑前祭」

二〇一五年七月十七日　藤沢市・鵠沼海岸の聶耳記念広場

記念碑に献花する田偉・李明暁夫妻

中国の薛剣・駐日大使館参事官、
鈴木恒夫・藤沢市長ら日中の関係者が多数参列

藤沢市消防音楽隊が
記念演奏

中国国歌「義勇軍進行曲」を歌い上げる著者

記念碑は聶耳先生最期の地・鵠沼海岸に立つ

文化の力で社会貢献

東方文化芸術団の活躍

京劇の名作「覇王別姫」を舞う著者

阪神・淡路大震災の２カ月後に、神戸市の南京町で励ましの歌を

招聘されて中国・ハルピンで文化交流

明石市で
日中友好のコンサート

創立に尽力した
田偉愛心学校の前で

愛する家族とともに

田漢　聶耳　中国国歌八十年

目次

第Ⅰ部

作詞者・田漢と作曲者・聶耳　中国国歌の誕生

第Ⅱ部

中国国歌がたどった数奇な運命

序

私が田偉《でんい》女史と知り合ったのは、一九八六年に中国湖南省長沙《ちょうさ》で開催された「田漢《でんかん》研究会」でした。彼女は、田漢の姪で、芸術家として伯父・田漢に対して特別な情がありました。戯劇発展に貢献した田漢について彼女とよく話しました。田偉女史の両親である、田洪《でんこう》、陳綺霞《ちんきか》から田漢についての貴重な資料、お話を聞かせていただき、田漢研究をしている私にとって、非常に嬉しく感謝しております。

一九四一年九月二十三日、広西省桂林《けいりん》、戯劇創作のリーダーとして郭沫若《かくまつじゃく》と戦闘劇の創作に力を入れました。また、田偉女史の両親は高齢にもかかわらず、田漢の資料、文集作成に尽力され、非常に尊敬しております。

田偉女史は在日華僑・李明暁《りめいしょう》氏と結婚し、一九八八年に来日されました。祖国を離れても心中、祖国を愛されていました。中日友好のため、たくさんの文化交流活動をされてきたことは、よく知っております。

阪神・淡路大震災後、「東方文化芸術団」を結成されました。

毎年、華僑、華人、日本人と一緒に中国での交流公演活動を二十年間実施してこられました。

二〇一一年には、NPO法人「田漢文化交流会」を設立され（私も入会しました）、田漢文化、精神、作品等を日本で紹介しています。

二〇〇八年、私は日本を訪問し、田偉夫妻と一緒に、九州を訪問、一九二〇年代の田漢、郭沫若の出会いがあった場所を探すなど、有意義な旅ができました。

田偉女史と知り合って四十年になります。彼女の性格は明るく、自分のやるべき目標は明確で、バイタリティに富んだ女性です。彼女の名前のように、偉大で、どんな事でも前向きに、全力で取り組んでいる姿には、頭が下がり、尊敬しています。

田偉女史の本書出版において、序を記し、微力ですが、応援いたします。目的は一つ。中日友好、文化交流のため、共同努力していきたいものです。この度は、出版おめでとうございます。いつか中国でも出版されることを切望いたします。

二〇一五年十一月

劉《りゅう》 平《へい》
中国社会科学文学院研究員
中国田漢研究会副秘書長

はじめに

わたしは、一九五二年六月七日、中国湖南省長沙《ちょうさ》市に生を受けました。父・田洪《でんこう》、母・陳綺霞《ちんきか》の六人の子のうち五番目の四女として誕生しました。姉が三人、兄が一人、妹が一人でした。

わたしが生まれたころ、父・田洪は湖南劇場の館長を務めていました。そして、父の兄・田漢《でんかん》は、中国を代表する劇作家として北京で活躍していました。わたしたちきょうだいは、父が出張で北京を訪れるのを、それは楽しみにしていたものです。それは、大好きな田漢伯父さんからのプレゼントをいつも持ち帰ってくれたからでした。

田漢伯父さんは、わたしたちの誇りでした。湖南省から遠く離れた北京で活躍する伯父さんを見習い、一人ひとりががんばって勉強や仕事に励まなければならないと思っていました。

母・陳綺霞は、湖南省郴州《ちんしゅう》にある湘昆劇団《しょうこんげきだん》の女優でした。劇団を代表する看板女優として毎日多忙な日々を送っていました。幼いわたしは、いつも舞台の傍で母が演技をするのをじっと見つめていました。

母は、わたしが三歳になる前から京劇の個人授業を開始しました。厳しい指導でした。母による京劇の指導はあまり好きではありませんでしたが、日に日に自分の演技が上達していくことが自覚できたのをよく覚えています。

そして、小学校に入学。一九六五年には中学受験を目前にしていて、わたしは湖北芸術学院附属中学校を受験しました。応募者はなんと五千人にもおよび、たいへんな高倍率でした。運よく合格できた私は、十二年間住み慣れた長沙を離れ、湖北芸術学院附属中学校での寮生活が始まりました。附属中学校の学生は全員でも四十五名。少数精鋭で徹底した芸術指導をおこなう学校でした。この湖北芸術学院では舞踊と音楽を学びました。

湖北芸術学院に入学した翌年の一九六六年のことです。突然、歴史上に例のない文化大革命の嵐が中国全土をおおいました。まだ十三歳だったわたしには、何がなんだか理解できず、困惑することの連続でした。ひとつだけ明確に分かったこと。それは、あの敬愛する田漢伯父さんが大悪人だと、周囲がわたしを特別な目で見るようになり、「田漢の姪」ということは罪深いことだと人々に思われているということでした。

父・田洪も右派分子として、批判の対象になっていました。文化大革命の期間は、いま思い出しても辛く、厳しいことの連続でした。

一九七〇年、芸術学院卒業にともない、わたしは舞踊専門として湖北歌舞団への配属を言い渡され、プロの舞踊家として給料をもらって舞台出演することになり、以降、舞台での仕事に従事していました。

またたく間に一九七七年、姉が紹介してくれた解放軍兵士と結婚することになりました。多くの曲折を経ての結婚でした。わたしは舞台を離れ、十二年間在籍した湖北省歌舞団に別れを告げ、北京での結婚生活を開始しました。そして、一九七九年には男の子を出産。しかし、結婚生活に絶望し、幼い二歳の長男を残して家を出ました。婚姻の手錠から解放されて一日も早く自由になりたいと考えたのでした。三年間の別居生活を経過して、ようやく離婚が叶いました。家を出てからは出版社に勤務していましたが、心の底では、舞台への夢を捨てきれずにいました。

気がつくと、三十五歳の独身のわたしがいました。

この間、あの嵐のような文化大革命も終焉《しゅうえん》を迎えていました。でも、愛する田漢伯父さんは、すでに獄中で帰らぬ人となっていました。

わたしの心には、中国を出て他の国に行ってみたいという気持ちが芽生えていました。

駆け足でわたしの半生を振り返ってみました。ご紹介できたのは、ほんのあらすじにあたる部分だけです。それぞれの時期において、それはいろいろありました。

本書では、私の伯父・田漢と田漢が作詞した中華人民共和国国歌『義勇軍進行《ぎゆうぐんしんこう》曲《きょく》』をめぐる数奇な運命についてご紹介したいと思います。

中国の国歌なのですが、不思議にも日本との縁がきわめて深いのです。作詞者も作曲者も日本と縁があり、わたしもまた、その後、日本にやってきました。

人と人の縁というものは、予測がつかず、意外なことの連続です。

中国国歌の作詞者、田漢の人生をあらためて振り返ってみると、それは、まさしく近代中国史をそのままたどることと同じでした。それは、遠い過去の歴史ではなく、わたし自身も同様に経験した、きわめて近い現代史の一コマ、一コマでした。

田漢という、いまでは中国で非常に尊敬され親しまれている国歌の作詞者が、どのような人生を歩んだのかを、ぜひお読みいただければと思います。

二〇一五年は、中国国歌が誕生して、ちょうど八十周年にあたります。

この意義あるときに、わたしが日本にいて、田漢を日本のみなさんにご紹介できることは、望外の喜びです。

第Ⅰ部

作詞者・田漢と作曲者・聶耳 中国国歌の誕生

若き日の田漢（右）と聶耳（左）

中国国歌の作詞者「田漢《でんかん》」

「田漢《でんかん》」は、現代中国を代表する劇作家であり、中国の演劇改革を牽引《けんいん》した芸術家として広く知られています。そうした、広範な幾多の芸術活動の業績とともに、中国人民に深く愛されている理由は、現在の中華人民共和国国歌『義勇軍進行《ぎゆうぐんしんこう》曲《きょく》』の作詞者であるからです。

その歌詞をご紹介しましょう。

中華人民共和国国歌『義勇軍進行曲』

作詞　田漢　／　作曲　聶耳《ニエアル》

起來！　不願做奴隷的人們
把我們的血肉築成我們新的長城！
中華民族到了最危險的時候

每個人被迫著發出最後的吼聲
起來！　起來！　起來！
我們萬衆一心冒着敵人的炮火
前進！　冒着敵人的炮火
前進！　前進！　前進！　進！

この歌の意味は、日本語ではおおよそ次のようになります。

立ち上がれ！　奴隷になりたくない人たちよ！
私たちの血肉で私たちの新しい長城を築き上げるんだ！
中華民族が最大の危機に見まわれたとき、
私たち一人ひとりが最後の声を振りしぼって叫ぼう！
起きあがれ！　起きあがれ！
私たちは一丸となって、敵の爆弾や大砲に向かって、前に進むんだ！　進め！

この歌が生まれたのは一九三五年のことです。映画『風雲児女《ふううんじじょ》』の主題歌『義勇軍進行曲』として誕生しました。二〇一五年には、歌が誕生して八十周年を迎えました。

いまでは、中国人民が誇りを持って歌いあげる国歌であり、作詞者・田漢は、多くの中国人民から尊崇され敬愛される存在です。しかし、その人生は苦難の連続でした。信念にもとづいた田漢の生涯は、文化大革命という歴史の大波に翻弄されるものでした。投獄という弾圧を受け続け、投獄され、苦悶の日々を過ごさなければならなかったのです。

そうした獄中にあっても、田漢は自らの信念を曲げることなく、潔く振る舞っていました。苛酷な獄中生活のため、病に冒され、一九六八年十二月十日、獄中でこの世を去りました。

中国で、いまあまりに有名で、だれもが知っている田漢ですが、残念なことにその冤罪が晴れることなく、静かにこの世を去っていったのです。

田漢先生とわたし

田漢は、わたしの父・田洪の兄です。つまり、私の伯父にあたるのが、田漢です。

わたしにとっては、優しい伯父であり、また芸術の道に導いてくれた恩人です。一九六二年、伯父が北京から広州の全国文芸大会に参加する際、ほんの短い時間ですが、当時、わたしが住んでいた長沙駅のホームで歌を歌って伯父に聞いてもらったこともありました。そのとき、「しっかり勉強して、いつか北京にきて出演できるように頑張りなさい」とわたしを励ましてくれました。

わたしたち中国人は、親しく尊敬する人に「先生」の敬称をつけて口にすることが、ごく普通です。日本の方々も、お医者さんや弁護士さんなどを、先生と呼ぶのと同じような感覚かもしれません。ですから、身内の田漢ですが、わたしたちは、田漢先生と呼んでいます。この本でも、ここから後は、田漢先生とさせていただきます。

田漢先生の存在は、わたしたち田一族にとっては、それは大きなものです。文化大革命の嵐が吹き荒れた時期には、「田漢の一族」ということだけで、中国社会では、非難の対象となりました。わたしの父母、親戚一同が、世間からの冷たい視線のなかで、どれだけ涙したことでしょうか。もちろん、わたしも同じでした。「田漢の姪」ということは、「大犯罪人の姪」ということであり、それだけで存在価値を否定されるに近いあつかいを受けたことは数知れません。

でも、だからといって田漢先生を恨んだり、田一族の一員であることを悔やんだりはしませんでした。田漢先生が、ほんとうの人格者であり、また、生涯をかけて人民のために闘い抜いてきたことを、だれよりも知っているのが田一族だったからだと思います。

伯父が有名人であるがゆえに、伯父の逮捕・投獄という事態が始まると、その影響は一族すべてにおよびました。田漢先生の弟であり、つねに田漢先生の近くで細々としたことまで支えていた父・田洪は、投獄こそされませんでしたが、きわめて辛い立場に追い込まれていました。「打倒、田漢！」とセットで、つねに「打倒、田洪！」と非難されつづけてきたのでした。しかし、父・田洪は、兄である田漢先生を慕い、尊敬していました。

いま、田漢先生は、中華人民共和国の国歌の作詞者として人々から尊敬され、また現代中国の演劇界を最初に創りあげた大功労者として高く評価されています。中国の人に、「わたしは田漢先生の姪です」と申し上げると、みなさんが、非常に驚かれます。それだけ、田漢先生の業績は大きく、そして中国全土にその名前が知られているということだろうと思います。

田漢先生が有名なので、わたしが、「田漢先生の姪だ」ということで、なかには、「著名な伯父を自分のための宣伝材料としている」と批判する人もいるかもしれません。けっして、わたしは伯父の名声を利用して何かをしようなどとは少

母親を中央に田漢（左）と田洪（北京の故居）

しも思っていません。わたしにとって、田漢先生は人生の指標を与えてくれ、同時に全中国人民に末永く進むべき道を示してくれた恩人です。その恩人を讃え、その業績を多くの人に知っていただくことが、中国を、そして中国人を正しく知っていただく方途であると信じています。

日本の方にとって、中華人民共和国の国歌は、オリンピックなどの表彰式で耳にされることが多いのだろうと思います。そんな折り、少しでもこの国歌作詞者のことを知っていただきたいと考えています。

田漢先生のおいたち

田漢先生は、一八九八年三月十二日、湖南省長沙の農民家庭に誕生しました。三人兄弟の長男でした。わたしの父・田洪、そして田源《でんげん》の二人の弟がいました。祖父は、三十七歳という若さで亡くなっていたため、祖母は女手ひとつで三人の息子を育てあげました。家は貧しく、農業だけでは生活ができず、裁縫やタバコ店で生計をたてていました。

三人兄弟の長男である田漢先生は、幼少のころから読書が好きで、勉強も他に抜きん出て優秀でした。同時に、二人の弟の面倒もよく見る、優しい兄でした。田漢先生は、早くから優れた教育者としての素養を有していたようです。

父から聞いた話では、田漢先生は幼い弟たちに『三字経』や『唐詩』をよく読んでくれたそうです。同時に、自らの勉学も怠ることなく努力の人でした。

そんな田漢先生を、祖母は、なんとかして教育を受けさせてやりたいと思いました。でも、高等教育を受けさせるだけの経済力は田家にはありませんでした。当時であっても、子どもの教育費はたいへんで、ましてや貧しい家庭にとって、その費用を捻出するのは容易ではありませんでした。祖母は、それこそ昼夜兼行で働きづめに働き、タバコの販売だけで足りないということで、時間を見つけては他家の家事手伝いをして教育費を少しずつ貯めていきました。

田漢先生は、八歳のころ、いっそう勉学に集中して励むようになり、その秀才ぶりは周囲も驚くほどでした。世界の名著を読みふけり、多くの知識を得ていきました。学校から帰ってくると、家の手伝いも自ら進んで引き受けました。忙しく働く母に代わって、二人の弟たちの世話をし、夜にはランプの明かりのもと、弟たちに本を読んでやりました。田家では、長男の田漢先生の衣服、学用品、本などは、すべて二人の弟が兄の使い古しを使用し、そこで節約できた費用を教育費にあてていきました。

優秀で努力家の田漢先生は、苦学しつつも、中学、高校へと進学し、秀才として頭角をあらわしていきます。常に、苦労して上級学校への進学を支えてくれた母への感謝の念を忘れず、勉学への情熱を燃やしていきました。

田漢先生と日本

そして、一九一二年には長沙師範学校に入学します。そこでも優秀な成績をおさめ、師範学校卒業後の一九一六年、十八歳のときに、伯父・易象《いしあん》のおかげで念願だった日本への留学を果たします。

日本では東京高等師範学校に入学しました。

若き田漢先生にとって、この日本留学は大きな意味がありました。それは、当時、二十世紀初頭の日本は、中国にくらべれば既に自由で開放的な雰囲気に満ちていたからです。とくに学問、芸術の分野においては世界中から文化が流れ込んでいて、東京ではいろいろな書籍を入手することができました。政治、社会、哲学、文学など知識欲が旺盛だった田漢先生は、これらを貪欲に吸収していきます。

日本では、広く日本や欧米の文学に親しんで、盛んに西洋の新しい文芸思潮を自らの内部に蓄積するだけでなく、それを中国に紹介していきました。中国に最も早くゲーテ、シェイクスピア、トルストイなどを紹介した一人が田漢先生であったという研究者の論文もあります。日本に留学した年齢を考えると、その若さで、よくこれだけの仕事ができたものだと驚きます。

なかでも、日本で幅広くさまざまな芸術に触れられたことは、後の田漢先生の創作活動に大きな影響を与えました。東京では多くのものを鑑賞することができ、古典から現代芸術、オーソドックスなものから尖鋭的なものまで自由に接触できたことは、後の芸術活動の大きな財産となったのでした。とくに、日本の新劇運動に触発され、帰国後、中国に新劇を創出し、中国独自の新劇運動の先駆者として活動しました。中国演劇界に新風を吹き込んだだけではなく、日本で優れた伝統芸術に接した田漢先生は、京劇などの伝統演劇改革にも熱心に取り組みました。自ら京劇『白蛇伝《はくじゃでん》』などの上演台本も執筆し、中国の伝統演劇の復活、再生に尽力した功績は高く評価されています。

このように、田漢先生の文学・演劇・映画などの分野における活躍はめざましいものでした。日本留学時に学んだ内容が大きな財産となって、帰国後、中国で花開いたのでした。

このころ、すでに日本に留学していた郭沫若《かくまつじゃく》や欧陽予倩《おうようよせん》とも親密に交際していました。まだ年若い青年だったのですが、田漢先生は、留学中に著書を発刊し、その才能を発揮するとともに日本の多くの学者との交流を得ることができました。

そして、一九二〇年、田漢先生の創作劇『霊光《れいこう》』が東京で初公演され好評を得ました。

そんなこともあり、当時の日本の文学界、演劇界の人々と深くつきあいがありました。谷崎潤一郎、佐藤春夫、武者小路実篤《むしゃのこうじさねあつ》、村松梢風《しょうふう》などの著名な作家たちとも深い交友関係があったようです。そうした意味では、田漢先生と日本は、非常に縁があったのでした。

とくに谷崎潤一郎は、二度にわたり中国を訪問しています。一九二六年の二度目の訪中時には、上海を訪れて田漢先生と再会を喜び、さらに友好を深めました。谷崎文学において、中国との接触が作品にも影響を与えているのではないかとの研究結果も発表されています。実際に『上海見聞録』や『上海交遊記』を著し、谷崎は中国での見聞を発表もしました。そして、現在もまた谷崎文学を研究する学者たちによって、谷崎潤一郎と田漢先生の交流について、より深く研究することがおこなわれています。

文芸消寒会（1926年1月、上海）。
前列左から田漢、揚耐梅、谷崎潤一郎

菊池寛『父帰る』に接する

東京で田漢先生は、さまざまな文学に接するとともに、積極的に演劇の鑑賞に出かけました。なかでも大きな影響を受けたのが、当時の新国劇でした。新国劇東京公演で『父帰る』の上演に感動します。そして、これは是非、中国に紹介したいと考え、翻訳して『少年中国』に発表しました。

その後も、菊池寛・作の『屋上の狂人』『海の勇者』などを中国語に訳出します。それらに『温泉場小景』を加え、『日本現代劇選・1』「菊池寛劇選集」を上海中華書局から刊行しています。

このように、中国に菊池寛の作品を紹介した最初の人物が、田漢先生でした。田漢先生は、当時の日本における演劇を非常に好み、さまざまなものを鑑賞していたことが分かっています。なかでも、島村抱月、松井須磨子の芸術座による「近代劇」にはとくに大きな刺激を受けたようです。日本に来るまで、田漢先生は「近代劇」を見たことがなかったのでした。田漢先生は、当時、日本で大反響

田漢の翻訳した舞台作品

を呼んでいた女優・松井須磨子の大ファンでもあったという友人の話なども残されています。

日本留学時代に田漢先生が接触した日本の文学や演劇が、中国に伝えられ、中国の現代演劇や文学にも多大な影響を与えていったであろうことが推測されます。

日本における田漢研究

このように田漢先生が日本で学び、また見聞した内容が後の創作・芸術活動にきわめて大きな影響を与えたであろうことは、後世の学者たちも認めるところです。しかしながら、東京留学中の詳細な状況については、中国の研究者たちが子細に検証することは、きわめて困難でした。客観的な資料にも乏しく、また日本語という壁も存在します。

そうなると、東京時代の田漢先生に関する事項は日本の研究者に委ねられることになります。たとえば、東京に着いた田漢先生が住まった場所を特定すること

田偉と小谷一郎先生（2015 年 11 月、神戸）

が、なかなかできませんでした。田漢先生は、東京高等師範学校、後の東京教育大学に入学し、当時の小石川区茗荷谷にあった「湖南省留日学生経理処」に居を構えたことは分かっていました。しかし、それが実際にどこにあったのかの所番地は判明していなかったのでした。

日本で中国近代文学を研究しておられる小谷一郎・埼玉大学教授の「田漢と日本（一）」（『日本アジア研究』創刊号・二〇〇四年）には、その所番地が判明した経緯が詳しく述べられています。それによれば、日本外務省公文書蔵の古い資料などを丹念に検証した日本人研究者によって、「湖南省留日学生経理処」は、「小石川区茗荷町九六」であることが突きとめられました。当時の詳細な地図も掲載されています。現在の地番では「文京区小日向一丁目二七番一五号」で、いまは営団地下鉄の操車場になっているのだそうです。

こうした、非常に些細《ささい》なことまで、日本の田漢研究者は丹念に調査・研究してくれているということを知るにつけ、田漢先生がいまでも日本の人たちと深く関わっているのだと感慨にたえません。そして論文中でも述べられていますが、小谷教授も旧・東京教育大学（現・筑波大学）の出身であり、田漢先生と同じ母校で学んだ仲なのだという点にも、人と人の不思議な縁を感じます。

こうした地味で根気のいる作業を積み重ねるなかから、田漢先生が日本留学時にどのような演劇を鑑賞したのか、また、その交際した人々は誰だったのかを探っていくという研究結果も記載されています。

田漢先生と日本との関連がいかに深いものかを、あらためて感じました。

田漢先生と易漱瑜《いしゅうゆ》の恋

このように、日本で非常に勤勉に学び、大きな成果をあげた田漢先生でしたが、恋愛や結婚についてはどうだったのでしょう。

田漢先生といとこの易漱瑜《いしゅうゆ》は、恋に落ちました。いとこ同士での結婚は、中国でも法律上は禁止されていません。しかし、親同士が兄弟姉妹であるという近親関係であることは、二人の間に生まれる子どもたちに影響が出るおそれがあることも分かっています。それで、結婚には周囲が反対しました。

しかし、二人は共に勉強し、時間を共にしているうちに恋に落ち、深く純粋に愛を育んでいきました。母親の強い反対はあったのですが、二人は「忠実な愛」を結実させました。

一九一六年、田漢先生の日本留学と同時に、伯父・易象《いしあん》の支持を得て、易漱瑜も海を越えて日本に留学しました。当時、易象は孫中山《そんちゅうざん》革命同盟の古い会員であり、湖南留日学生の経理士でした。二人は日本で一緒に住んで共同生活を送りました。

二人は熱く愛しあい、易漱瑜が妊娠したことが分かりました。愛の結晶ができたことでやむを得ず留学生活を中断して、二人は共に船に乗り、ふたたび海を渡って中国に帰ってきたのでした。

船上で、田漢先生は、優しく易漱瑜を見守り、彼女だけに聞こえる小さな声で言いました。

「私たちの子どもは海外で授かったのだから、ロマンチックな名前をつけてみようか？　海男《かいなん》は、どうだろう？」

「まだ、男の子か女の子かも分かっていないのに、もう名前をつけるなんて気が早すぎるわ。名前を付けるのは簡単だけれど、子どもを産むのは大変なのよ」

そう返した易漱瑜も、本音では、田漢先生のような、勇気と慈愛のある優秀な男の子を産みたいと願っていたのでした。

二人は中国にもどり、上海から長沙に帰っていきました。易漱瑜は両親の助けのもとで健康で可愛い男の子を出産しました。田家に待望の孫ができ、ファミリー一同も大喜びでした。若い夫婦は、愛の結晶である男の子に、予定通り海男と名前をつけ、家族の絆を深めていったのでした。

この若い二人を陰から支えたのが、田漢先生の弟である私の父・田洪でした。若くして父親となった兄・田漢先生の学業に支障が出ないようにしたいと考えたのです。

ところが、易漱瑜は産後の肥立ちが悪く、重い病に臥せってしまうようになり、日に日に痩せていきました。病状は好転することなく、とうとう治療も不可能な状態になってしまいました。当時、田漢先生は、長沙師範の教員の身であり、講義に出席しなければいけません。時間のやりくりがたいへんななか、病に倒れた若い妻を看病するかたわら、赤ん坊の世話もしなければならないという厳しい日々を送っていました。優秀で知られていた田漢先生も、体力を消耗し、痩せ細ってしまいました。

そして、二人の宝物である赤ん坊「海男」を残し、易漱瑜は、とうとう天国に旅だってしまいました。享年二十二歳という若さでした。

詩人・田漢先生は、「悼亡妻《ダオワンチ》　漱瑜《しゅうゆ》」と題する詩を書きあげ、忘れ難い妻への愛情を綴った作品を発表しました。この詩は、「上海新民晩報」に掲載されました。

田漢先生は、愛する妻をなくし、一歳にも満たない赤ん坊を抱いて故郷に戻りました。田漢先生の話を聞いた母や弟は、涙を流しながらも、悲嘆にくれる兄を励まし、「子どもは、わたしたちが一生懸命育ててあげる。何も心配することなく勉強や仕事にがんばってください。わたしたちは家族なのだから気をつかわなくていいよ。助け合うのが家族なのだから」と慰めました。

そして、田漢先生の二人の弟たちは、父親代わりとなって海男を育てることが始まりました。海男を預かることで、兄・田漢先生が少しでも楽になるのならという温かい兄弟愛の発露でした。

日本から帰国して芸術活動を展開する

一九二二年に日本留学を終えて中国に帰国した田漢先生は、上海の中華書局に勤務するようになります。そして、雑誌『南国月刊』を創刊し、精力的に多くの戯曲作品を発表しはじめます。

同時に、芸術家の養成にも取り組み、一九二五年には「南国社」を設立し、一九二八年には、文学・絵画・音楽・演劇・映画など幅広い芸術活動を展開する若き芸術家を育てる「南国芸術学院」に発展させるまでに至りました。

このころには、すでに数多くの戯曲を発表し、それらが高く評価され、中国を

CERCLE ARTISTIQUE Du MIDI

南國社

戲劇部話劇股第一次公演

總劇目單

（劇目遷場更動最多以四編為限）

歐洲著名獨幕劇介紹

（一）騎馬下海的人們　約翰沁孤……田漢譯并演出　舞臺裝置燈光　東方彥

「Riders to the sea」(By J. M. Synge)

穆利亞（老婦人）……左明

巴特萊（其最後一子）……萬籟天

嘉特琳（長女）……尼南女士

娜拉（幼女）……唐叔明女士

男女多名

沁孤傑作，以愛爾蘭西部一孤島為背景，寫人與自然之爭鬥。

（二）最後的假面　施尼滋拉作　田漢譯并演出　舞臺裝置并燈光　田洪

「Die Letzten masken」(By A. Schnitzler)

拉迭馬赫爾（新聞記者）……萬籟天

雅貴爾特（喜劇伶人）……左明

外該斯特（詩人）……唐槐秋

哈爵生，唐爵生……金焰，桂公創

巴香達（看護婦）……吳似鴻女士

以維也納一公醫院內特別室為背景，寫得意與失意，生與死之葛藤與解脫。

代表する劇作家としての名声を博するようになっていたのでした。

その後、一九三一年に、田漢先生は瞿秋白《ちゅしゅうはく》らの紹介で中国共産党に入党します。

当時の上海は、活気のある都市であり、国民党員たちも上海を好み、共産党は上海で大きな勢力を有していました。同時に八国連合軍も上海を占領したいと機をうかがっていました。上海の外灘《ワイタン》という地は、革命の息吹に満ち、愛国心を前面に掲げる共産党の青年たちの指揮のもと、着々と革命のための工作が進められている時期でした。祖国が真の意味で解放され、斬新な中国の実現を夢見て、中国の地に存在する外敵を追い払おうとしていたのです。

田漢先生の作詞した歌詞にあるように、「敵の大砲に向かって前進」しようとしていたのでした。

一九三〇年代の上海での田漢先生

一九三〇年代に入ると、著作や演劇活動を通じて、上海の文化人たちの間で、すでに田漢先生は、非常に有名な存在となっていました。田漢先生は、地下活動をしていた党の直接の支援を受け、人々に、努力して自身を改造し、ともに新生中国を建設しよう、国を創っていく闘いをしようと呼びかけました。

すでに著作家として、また芸術家として多くの人に知られていたこともあり、田漢先生の影響力は大きく、またたく間に上海において共産党活動の旗頭として活動グループのリーダー的存在となりました。同時に、いままでにも増して創作活動に注力しました。演劇や映画の脚本、詩歌の創作にも力を入れました。また、革命をめざす若き文芸志望者を援助し、音楽家たちを育てる活動もしていました。

こうした活動を通じて、当時、上海の文化芸術関係の人たちのなかで、田漢先生のことを知らない人はいないほどの存在となっていました。田漢先生と知り合いになったり、直接に会って話をしたり、一緒に仕事ができることを誇りに思う人が非常に多かったのでした。

当時の中国共産党に大きな影響を与えていたのは、ソビエト連邦の存在であり、ソ連共産党の手法は、当時の中国共産党のモデルともなっていました。ソ連共産党は、革命において共産主義を基盤とした多くの芸術家を育成していました。とくに音楽ではそれが顕著でした。中国で音楽をめざす若者たちは、ソ連に留学して革命音楽を学び、それを中国に持ち帰ることを夢にがんばっていたのです。北京、山東省、上海などの音楽を志す青年たちは、みなソ連の芸術大学への留学をめざし、ソ連に行って研修しながら共産主義思想を学んだのでした。

当時、中国ではロシア語を話せることは、非常に有利でした。どこに行ってもロシア語が堪能である人は引く手あまたでした。中国共産党は、共産主義革命のモデルとしてソ連を崇拝し、あらゆる面においてソ連を模範として施策を進めていたからでもありました。芸術の世界も例外ではなかったのです。マルクス・レーニン主義が絶対であり、革命のためには優秀な人材が不可欠とされ、多くの俊英を育成することに共産党は熱心に取り組んでいたのです。

そうした雰囲気のもと、一九三〇年代の旧上海には、優秀な青年たちが集まってきていました。そして、その青年たちが革命のため、自らを投げうって闘い、上海灘《シャンハイタン》は文字通り、血で染まっていきました。

革命青年たちは、みな田漢先生を慕い、頼ってきました。洗星海《せんせいかい》、任光《じんこう》、安娥《あんが》など、ソ連に留学した若き芸術家たちは、ソ連から戻って上海に着くと、すぐに田漢先生のもとにやってきました。田漢先生の紹介で、上海で仕事を得て、自身の芸術活動を展開しようと考えていたのでした。そして、田漢先生は、そのすべてに応える援助を惜しまなかったのです。

かれらの芸術活動は、時代を先取りし、庶民に夢を与えながら、新中国を建設していく原動力となることが求められました。田漢先生を先頭に、新しい芸術によって、上海を埋め尽くし、新聞、雑誌、映画なども利用して革命思想を伝播し、宣伝していく使命が与えられていたのです。文化芸術を通して、上海を核にした共産主義革命の推進者であったのが田漢先生と、そのグループでした。

そうした芸術活動は着実に実を結び、当時の作家たちのなかから優秀な作品が次々と生まれてきました。『大路歌』『卒業歌』『漁光曲』『売報歌』（新聞売りの歌)』などがあります。そして、いま、中華人民共和国の国歌となっている田漢先生が作詞した『義勇軍進行曲』が、その筆頭でした。

中華人民共和国国歌の作曲者「聶耳《ニエアル》」のおいたち

いま中華人民共和国の国歌となっている『義勇軍進行曲』は、もともと映画『風雲児女』の主題歌でした。『風雲児女』とは、「嵐のなかの若者たち」というような意味です。

作詞は田漢先生ですが、田漢先生の詞に曲をつけたのは、若き作曲家の聶耳《ニエアル》でした。彼はバイオリンの名手であり、上海の明月歌舞団に所属している若者でした。そのころ、田漢先生は、「南国社」という芸術振興のための団体を組織して、全国各地を巡回して公演活動を展開していました。聶耳は、そうした田漢先生と知り合いとなり、直接に田漢先生から指導を受けることで、自身の才能を高め、自分の音楽を磨き上げたいと願っていました。

聶耳は、一九一二年に雲南省《うんなん》昆明市《こんめい》に生まれました。父は漢方医で同時に薬局も営んでいました。母と三人の兄、二人の姉がいました。聶耳が四歳のとき、父が肺結核で亡くなります。父の死後、父の治療費が多額であったことが原因で、聶家の経済は急激に悪化し、聶耳の学費も捻出できないほどになってしまいました。薬局は母が引き継いだのですが、経済状態は非常に困窮していたようです。

貧しい生活のなか、親戚や知人の援助を受けながら、聶耳は昆明県立師範附属小学校に入学します。成績はきわめて優秀で、このころ音楽に目覚めました。笛、胡弓、月琴や風琴などの民族楽器の演奏にも習熟し、優れた音楽の才能を発揮するようになっていきます。

その後、苦学して、雲南第一連合中学を卒業し、昆明省立第一師範学校高級部外国語組英語学科に進学します。卒業後は、ピアノ、バイオリンなどの演奏知識を学ぶとともに、作曲の理論や和声学も習得しました。共産主義に接触したのも、この頃だったようです。

聶耳が上海に来たのは一九三〇年のことです。依然として貧しい生活のなか、バイオリンの独学を続け、明月歌舞団のバイオリニストに採用され、ようやくプロの音楽家としてのスタートをきることができました。上海にやってきてから作曲に取り組むようになり、田漢先生との交流を通じて、その音楽的才能を開花させていきました。

聶耳は、生まれつき音楽の才能に恵まれた逸材でした。とくに耳が優れていて、音を聞き分ける能力は抜群だったようです。本名は、聶守信《しゅしん》というのですが、周囲からその聴力の素晴らしさを讃え、「耳朶《アルドゥオ》先生（耳さん）」というニックネームをつけられるほどでした。それで、思い切って「聶耳」と改名したというエピソードがあります。名前の漢字を構成するすべてが「耳」だけという辺りに、いかに聴力が抜きん出ていたのかをうかがい知ることができるような気がします。

聶耳が『義勇軍進行曲』の作曲を担当

田漢先生は、すぐに聶耳の優れた能力を見抜きました。その人格が誠実であり、音楽への厚い熱情を聶耳に感じたからでしょう。音楽家として聶耳に大成してほしいと願っていました。そして、聶耳は田漢先生に、「なにかわたしにも仕事をさせてください」と頼んでいました。

映画の主題歌として『義勇軍進行曲』の作曲を聶耳にさせてあげることにしたとき、田漢先生は心の底から願うように、聶耳に語りかけました。「聶耳、これから一つの詞を渡す。これに合う曲を作ってほしい。後の時代のひとに歌い継がれていくような歌にしたいのだ。中国全土の国民や軍隊の人たちを励ますような曲がいいんだ。良い結果を期待しているよ」

このとき、聶耳は、まだ若干二十三歳でした。その後、世に知られる音楽家となり、現在までその名が残っているのですが、田漢先生の言葉に強く心を揺さぶられ、「必ずや良い曲をつくって田漢先生の期待に応えよう」と決意したのでした。

曲の構想を練るため、聶耳は朝起きると、田漢先生の長男、海男《かいなん》を連れて、上海灘の港で働く人たちを見ていました。厳しい労働に従事する人たちです。一家の生計を立てるために、苛酷な労働の辛さに耐えながら働く人たちの背中は、長年の労苦がしみついたように、背中や足がひどく曲がっていました。

午後からは、田漢先生の弟である、わたしの父を連れて上海の郊外におもむき、農村の人たちが田植えをしたり、農作業をしている姿を見に行きました。農村でも、一家の人たちのために、懸命に働いている人々がいたのです。

夜には、聶耳は街のなかで、人々のようすをじっと観察しました。劇場の門の外にたたずみ、彷徨《さまよ》い歩く浮浪者がいました。帰るべき家もない貧しい人たちです。

街にあふれる人たちのなかには、生活のためにお嫁に行ったり、養子になるしか方法がない人。幼いころから織物工場で働きづめの人。わずか八歳で街角で新聞を売っている子ども。人力車を引いて生活の糧を得ている人。家族を食べさせるために自分の血液をお金にかえるしかない人。生きるために売春をしている人。そんな人たちが、大勢いました。

聶耳が、港で、農村で、街で、それぞれ目にした人たちは、みな懸命に生きています。みな善良な庶民です。聶耳は、改めて確認しました。

「田漢先生の詞は、この庶民に訴えかけている。庶民を忘れてはいけない。この人たちを励ます曲が必要なんだ」

作詞者の深い意図を感じることができた聶耳は、すばらしい着想を得て、作曲に取りかかったのでした。後日、完成した曲はたいへんに美しいものでした。そして、それは田漢先生の期待にじゅうぶんに応えられるものでした。

聶耳の曲を聴いた人たちは思いました。

「すばらしい詞が、まるで美しい衣裳を着せられた花嫁のようだ」

「錦の上に花を飾り、さらに一層美しくなった」

多くの人が、この曲に感動を覚えました。聶耳は、二十三歳という若さでありながら、長く後世まで歌い継がれる曲を作ることができたのでした。それを、いちばん喜んだのは、言うまでもなく作詞者の田漢先生でした。

中国を取り巻く環境の悪化

すでに一九三一年には、柳条湖《りゅうじょうこ》での満鉄爆破に端を発する満州事変が勃発していました。中国ではこれを「九・一八事変」と呼んでいます。関東軍はこれを「張学良《ちょうがくりょう》ら東北軍の破壊工作だ」と強弁して軍事行動を旧満州の全域に展開するに至っていました。

そうした日本軍が中国国内で勢力を拡大するなか、中国の民衆は自分たちの国をふたたび取りもどす民主革命を熱望していました。そして、それは政治だけでなく、文化面においても徹底的な改革が望まれていたのです。そうした背景のもと制作された映画『風雲児女』の主題歌として『義勇軍進行曲』ができたのでした。

この『義勇軍進行曲』は、たんなる映画の主題歌としての存在にとどまるものではありませんでした。多くの人に歌われ、人々の心にしみ入るものでした。

「起來《チーライ》！　不願做奴隷的人們《プーユェンズオヌーリーディレイメン》」

「立ち上がれ！　奴隷になりたくない人たちよ！」

この冒頭の訴えは、強く中国民衆の共感を呼ぶものでした。

とくに、労働者や学生たちによる抗日デモの際に好んで歌われたり、また中国東北部における東北義勇軍の軍歌として兵士を励ます歌となりました。そして、抗日戦争だけでなく、その後の解放戦線においても人々の心の支えとなっていったのでした。

田漢先生が、作詞するときから、多くの中国民衆、それも名もない庶民を念頭においてつくったものであり、聶耳も庶民が口ずさむであろうことを意識して作曲した歌でした。そういう意味では、作詞者・作曲者の意図を忠実に反映した歌の伝播であり、また実際に庶民の間に深く浸透していった歌でもあったのでした。

第II部

中国国歌がたどった数奇な運命

義勇軍進行曲

田《でん》漢《かん》先生の逮捕と聶耳《ニエアル》の中国脱出

中国国内の状況が混乱してくるなか、田漢《でんかん》先生の身にも変化が生じました。すでに上海において文化活動のリーダーでもあり、傑出した存在だった田漢先生の存在は国民党にとって好ましからざるものとされ、他の進歩的文化人とともに、田漢先生は逮捕され、とらわれの身となってしまいます。民衆や庶民に強い人気のある田漢先生がじゃまでしかたがなかったのでしょう。

一九三五年二月十九日の夜、国民党当局の一斉捜査によって田漢先生は逮捕されます。すでに逮捕されていた中央上海中央局の二人の自白に基づく一斉捜査で、一挙に三十余名の共産党員が逮捕されたのでした。

そうなると、『義勇軍進行曲』の作曲者である聶耳《ニエアル》の身にも、遠からず国民党の魔の手がおよぶであろうとの話が聞こえてきました。「聶耳の逮捕も近い」という情報を得た共産党組織は、聶耳を中国国内から避難させることにしました。避難先に選んだのは、田漢先生も留学した日本でした。

国民党に逮捕される前に聶耳は日本に逃げていきました。上海を聶耳が脱出したのは、一九三五年の四月のことでした。時間的な推移を後の研究者が検証してみたところ、聶耳が『義勇軍進行曲』の最終的な推敲をしたのは日本に逃れてからのことであるという研究結果もあるようです。推敲《すいこう》を終え、決定稿を聶耳は書留郵便で上海に郵送したのだそうです。

このときの聶耳の気持ちはどんなものだったのでしょうか。獄中の恩師・田漢先生のことを心配しつつ、祖国の民衆への熱い思いにあふれていたに違いありません。

「末永く、中国民衆が歌い継いでいける歌にしたい」という田漢先生の願いを叶えようと、祖国を離れても必死で最後の推敲を重ねた聶耳だったことでしょう。

この聶耳が日本に逃避してきたことを日本への亡命という解釈もあるようですが、そうした資料は残されておらず、実際は亡命ではなく、共産党組織としては、まず聶耳を日本に逃避させ、適切な時機の到来を待って、ヨーロッパもしくはソ連に留学させようとしていたというのが、真実のようです。

こう見てくると、現在の中華人民共和国の国歌は、その作詞者も作曲者も、日本に深い縁があり、その誕生の過程において密接に関連していることに、改めて驚きと言いしれぬ感動を覚えます。中国と日本は、遠い昔から深い関係があり、二十世紀にいたっても、まだ密接に関係していたことをわたしたちは改めて確認してみるべきだと思うのです。

さて、その日本に逃げてきた聶耳ですが、同じ年の一九三五年七月十七日、滞在先の神奈川県藤沢市鵠沼《くげぬま》海岸で友人たちと遊泳中に水難事故により帰らぬ人となってしまいました。享年二十三歳という、あまりに早い死でした。

身を削る思いで祖国を離れてまで作曲に奮闘した聶耳でしたが、天のいたずらなのか、自らのすべてを注入して作曲した作品が、人々によってどのように愛され、歌い継がれたのかを自分の目で見たり、自分の耳で聞くこともなく、この世を去っていった聶耳でした。無念であり、悔しかったことでしょう。

豊かな音楽的才能を持ち、音楽家として将来を嘱望されていた聶耳でしたが、その最後の作品が『義勇軍進行曲』となってしまったのでした。

約四ヶ月の拘束の後、釈放される

国民党当局に拘束された田漢先生は、上海では国民党上海公安局留置所に拘禁されました。逮捕された囚人は獄中では本名ではなく「陳哲生《ちんてっせい》」という別名が与えられ、文化人として著名な田漢先生は、政治犯「陳哲生」となってしまいました。

その後、身柄を国民党政府の首都・南京に移され、憲兵司令部看守所での獄中生活を約四ヶ月送りました。

田漢先生を獄中から救おうと動いたのは、国民党の文化人で『文芸月刊』の主筆だった王平陵《おうへいりゅう》でした。彼は、田漢先生の演劇が好きで、この投獄によってその才能を抹殺してしまうのは惜しんで余りあると考え、国民党内で田漢先生を知る人たちに、釈放に向けて尽力できないかと訴えたのでした。

国民党当局としても、逮捕はしてみたものの、田漢先生があまりに著名な文化人であり、その演劇活動が大きな社会的影響力を持っていて、抗日救国を押し進める内容の演劇・映画であり大衆の支持と好評を得ていたことから、これ以上、弾圧を加えたり処刑によって抹殺するのは得策ではないと考えたようです。

そして、徐悲鴻《じょひこう》・宗白華《そうばいか》・張道藩《ちょうどうはん》の三人が保証人となり、田漢先生は保釈出獄することができました。徐悲鴻は古くからの盟友で、国立中央大学教授でした。宗白華とは日本留学時代からの付き合いがあり、郭沫若《かくまつじゃく》と三人で通信集『三葉集』を出した間柄でもありました。

保釈によって出獄した田漢先生が真っ先に耳にしたのは、若き聶耳が日本で客死したという事実でした。あまりの衝撃に唖然《あぜん》として、しばらくは声も出なかったといいます。獄中にあっても、友人が『電通画報』という雑誌を差し入れてくれ、そこに田漢先生の最新作の映画『風雲児女』の上映は好評で大成功であったことや、その主題歌『義勇軍進行曲』が映画のなかだけにとどまるのではなく、広く抗日運動のなかで全国で歌われていることは知っていた田漢先生でした。

それだけに、恵まれた音楽的才能を評価して作曲を依頼した聶耳には、田漢先生も大きな期待をかけていましたので、その聶耳がこうも早く死んでしまったことに、大きなショックを受け、悲嘆にくれたのでした。その悲しみようは周囲がいたたまれないほどでした。

そして、詩人・田漢先生は、聶耳の死を悼んで詩を創りました。

一系金陵五月更
故交零落幾呑聲
高歌共待驚天地
小別何期隔死生
郷國祇今淪巨浸
邊彊次第懐長城
英魂應化狂涛返
好興吾民訴不平

日本語の意味は、つぎのような内容です。

五月の南京をともに訪ねて以来、かなりの年月が経った。
旧友は今波に呑《の》まれながら声も出せないでいる。
しかし鷺が舞う彼の地で高らかに歌い合う日を待とうではないか。
些細《ささい》な別れであり所詮は生と死を隔《へだ》てているにすぎない。
祖国は侵略をほしいままにされ奪われようとしている。
だから辺境の地にはより堅固な長城を築かなければならない。
どうか君の英魂で怒濤のように押し寄せてくる侵略の波をはね返してほしい。
一緒になって中国人民の苦悩を押し払うことはなんと素晴らしいことだろう。

（訳・『聶耳』著者　斉藤孝治氏）

愛する聶耳を失った悲しみが切々と伝わってくるような詩です。いま、この詩のレリーフは、聶耳の故郷、昆明《こんめい》の西山にある聶耳の墓の石壁に刻み込まれています。田漢先生の熱い思いが、きっと聶耳の魂にも伝わっているに違いありません。そして、いまごろ二人は天で、和やかに語らっていることでしょう。若き音楽家のあまりにも早い死に、田漢先生は、このような詩をもって哀悼《あいとう》の意をあらわしたのでした。

四ヶ月の拘束の末、獄中からは解放された田漢先生でしたが、完全に自由な身になったわけではありませんでした。田漢先生を拘束した国民党当局は、田漢先生が上海に戻ることを許さず、実際には南京にとどまることを強制し、常に監視がついての軟禁禁足状態が、その後、二年間つづきました。

現在も、田漢先生の業績や人生について、中国でも、また日本でも多くの研究者がその詳細を研究しています。いまのところ、田漢先生の生涯のなかで、その基礎資料という観点では、この二年間の部分がもっとも手薄であるとも言われています。今後、研究や資料発掘によって、空白に近いこの二年間の田漢先生の事跡が明らかになることを期待しています。

田漢先生の人生において、この政治犯として逮捕・投獄された事実とその後、二年間にわたり軟禁されたことが、後年まで影響し、結局は晩年の悲劇につながっていくプロローグでもありました。

新中国建設の原動力となった『義勇軍進行曲』

その後、一九三七年七月七日、盧溝橋《ろこうきょう》事件の勃発に端を発した侵華戦争（日中戦争）は、当時の中国民衆にとっては、新中国を建設するための長くて辛い戦いでした。田漢先生も民衆の先頭に立ち、人々を励まし、庶民とともに戦いました。

古来、フランス革命をはじめとして、あらゆる革命には歌があったといわれています。歌は人を鼓舞します。大きな声で仲間と歌うことによって団結力が生まれ、前進する力がわき出てきます。中国の民衆も、辛い戦いのなかで『義勇軍進行曲』を口にすることで力づけられ、とうとう勝利を手にすることができたのでした。

一九四五年八月十五日、日本は連合軍に対し、無条件降伏しました。その結果として、中国は長らく続いた日本の植民地支配から解放されることになりました。といっても、すぐに新中国が平穏に建設されたわけではありませんでした。複雑な国際状況のもと、アメリカ合衆国が支援する国民政府とソ連が援助する中国共産党が闘うという国内戦争が始まり、内戦状態に突入します。同じ国民同士が戦争をしたのです。

結局、一九四九年、南京を中国共産党軍が占拠することで、事実上、国民政府は崩壊しました。以降、国民党政府は台湾に脱出し、中国共産党による新中国が誕生し、中華人民共和国が建国されたのです。

中華人民共和国の建国と同時に、『義勇軍進行曲』は、中華人民共和国の暫定国歌となりました。抗日運動、解放戦争、内戦と中国民衆が歌い継いできた『義勇軍進行曲』が国を代表する歌にふさわしいと多くの人たちが考えた結果でした。

しかし、『義勇軍進行曲』が暫定《ざんてい》国歌として歌われた期間は、そう長いものではありませんでした。

文化大革命でいわれなき弾圧を受ける

中華人民共和国の建設はできたのですが、中国では文化大革命の嵐が吹き荒れました。これは「革命」とのことばは含まれていますが、民衆による権力打倒の革命とは少し様相が異なる面がありました。ときには、行き過ぎがあったり、民衆の意図とは異なったかたちで表れた部分も多かったのでした。

巧妙な政治権力は、政治的・社会的に未熟な年少者を巧妙に利用して紅衛兵と名づけて人々を弾圧することで政治的威信を保とうとした側面がありました。

この文化大革命の影響を真正面から受けたのが、『義勇軍進行曲』の作詞者である田漢先生でした。なぜ、田漢先生が標的となったのかについては、詳しくは分かりませんが、文化大革命の嵐のなかで、「四条漢子《スーティアオハンズー》」と呼ばれる四人の文化人が批判の対象となりました。田漢と周揚《しゅうよう》・夏衍《かえん》・陽翰笙《ようかんしょう》の四人が、「四大悪漢」ということで弾圧されたのでした。四人のなかでは最年長でもあり、また最も有名であった田漢先生が最初の標的となったものと思われます。

この部分について、「田漢研究」に携わる研究者たちの論文によれば、「四条漢子」と決めつけられた背景には、この時期をさかのぼること三十年ほど前に当時の中国文学界において名声を博していた大物作家の個人的な恨みを買ってしまった部分もあるのではないかとも言われています。

文学・演劇を純粋に愛した田漢先生は、いわゆる文壇政治などには、まったく関心がなく、文壇の大御所に政治的配慮をするようなことは芸術への冒涜《ぼうとく》と考えていたのではないかと思います。生涯にわたって芸術至上主義を貫いた田漢先生の生き方から、わたしはそう考えています。こうした経緯は、文化大革命そのものが歴史の審判を受け、今後、より詳しく研究・検証されていく過程で明らかになっていくのではないでしょうか。

さらに拘束の理由にされたのが、田漢先生が執筆した歴史劇をやり玉にあげての批判でした。『謝瑶環《しゃようかん》』など田漢先生の作品が、ひそかに社会主義を攻撃する意図で執筆されたもので、党を攻撃する意図をもった「大毒草」であると、強引に決めつけるものでした。暗に毛沢東《もうたくとう》主席をそしる内容であるとこじつけての逮捕理由をでっちあげたのでした。

一九六六年、中国共産党中央文化部に、「田漢は犯罪者である」と決めつけられ、逮捕されてしまいます。拘束され、連行される直前、田漢先生は「ひと目だけでも母に別れのことばをかけさせてください」と頼みました。

紅衛兵は、田漢先生の願いを一言のもとに切り捨てました。「ダメだ。反革命的になる！　民衆を裏切ったスパイに母親との別れなどさせるわけにはいかない。言うことを聞かないと鞭で打つぞ！」と脅したのです。

当時の田漢先生は、中国劇作家協会の主席・第一書記という要職に就いている文化人のリーダーでした。しかし、紅衛兵による厳しい「思想検査」を受け、反動的な勢力によって雑誌で田漢批判が公然とおこなわれました。田漢先生はこうして紅衛兵の手によって捕らえられ、以降、獄から出ることができず、田漢先生を育ててくれた母との最後の別れも叶わなかったのです。親孝行の田漢先生です。

いとしい母と別れのことばも交わすことが許されないのは、どんなに辛いことだったでしょう。

歌われなくなった『義勇軍進行曲』

抗日闘争、解放戦争において中国民衆を大いに励まし、多くの人が口にして、準国歌であった『義勇軍進行曲』ですが、作詞者である田漢先生の逮捕・投獄とともに、「田漢批判」がエスカレートしていきました。

わたしの周囲でも、紅衛兵は、田《でん》一族への徹底的な非難と批判が渦巻きました。批判の嵐は、わたしの母方の外祖母にまで及んだのでした。祖母は貧しい家計のなかから貯蓄し、ようやく手にした小さな棺《ひつぎ》があったのですが、それが災いの元となりました。祖母の娘（わたしの母）の夫が田洪《でんこう》、田漢先生の弟となるとたいへんです。当時、棺は高価なもので封建社会の名残であると批判の対象になったのでした。街中が大騒ぎです。多くの人たちが棺が燃やされるところを見ようと

新中国後の田洪一家（母の手前が著者）

集まってきました。

棺に火がつけられようとした瞬間、集まった人たちは声を揃えて叫びます。

「封・買・修を打倒しよう！」

「封建のものは一切許さない！」

「田漢、田洪を打倒しよう！」

男の紅衛兵たちが棺を家から持ち出しました。身長が一メートル五十センチしかなかった祖母には周囲のようすが見えません。いつか棺が燃やされるかもしれないと覚悟していた祖母ですが、何十年もかけて貯めたお金で買った棺を失うのは複雑な気持ちだったに違いありません。

様子を知った祖母は、歯をくいしばって棺の上に立ち演説しました。

「同志たち、みなさん！　今日の活動は最高ですね。みんなも一緒に言ってください！　最高！」

「人は死ぬと、一本の羽にもおよばないのに、どうして棺がいるのでしょう。私が棺を残していたのは教材にするためです。紅衛兵たちを教育しようと思ったのです。人は死んだら灰を海に投げ入れ、祖国を建設するのです！　私は棺なんかいりません！　この棺を残して後の世代の人たちを教育しましょう！　みなさんの革命と行動に感謝します！」

集まった人たちは、みんな黙って祖母の大演説を聞いていました。さすがの紅衛兵も棺を燃やすのを止めて帰っていきました。

田漢先生の係累というだけで、このような迫害がごく日常的に繰り返されていたのです。

そして、当然ながら、田漢先生が作詞した『義勇軍進行曲』も、「反革命的な内容の歌である」と非難の対象となり、一切、歌われることはなくなりました。

そして、代わりに事実上の準国歌として歌われたのが、『東方紅《とうほうこう》』でした。学校や職場、公的な場では、毎朝この『東方紅』が歌われました。ラジオでも国内放送も国際放送も『東方紅』のメロディーが使用されていました。同じタイトルのミュージカルが盛んに上演されていて、その内容が、列強の支配に苦しむ祖国を共産党が救って、日本軍や国民党を打倒して新中国を建設したというものでした。

しかし、この『東方紅』の歌詞内容は、時の政治権力におもねる面があり、心の底から祖国を誇らしく思って歌えない人も多くいたはずです。でも、そんなことを少しでも口にしたら、それはたいへんなことになることを誰もが身にしみて分かっていました。熱病のような文化大革命の嵐は、通常であれば、到底考えられないほどの異常な事態も、ごく当然と思い込んでしまうものだったのです。

あれだけ多くの民衆に支持され、国歌に指定されていた『義勇軍進行曲』であるにもかかわらず、田漢先生の逮捕・投獄とともに『義勇軍進行曲』は民衆から遠ざけられてしまったのでした。

重い病気に苦しみながらの獄中生活

無実の罪でとらえられた田漢先生は、反省すべきことなどないのに、獄中では連日にわたり強制的に反省文を書かされました。三角の帽子をかぶせられ行進をさせられました。首から黒い札をかけて、太鼓やドラを鳴らしながら、「わたしは四条漢子です！」「わたしはスパイ、裏切り者です」「わたしには非があり、スパイです！」などと次々に言わされました。

獄中での不当な圧迫はどんどんエスカレートし、いわれのない罪の追及が重ねられ、尋問がつづきます。拷問、反省文を書かされる日々でした。こんな厳しい追及には健康な若者でも耐えることができないでしょう。それを六十八歳にもなっているうえに、糖尿病を患《わずら》っていた体には、耐え難く苦しいものでした。

そして、ついに北京の傾城《けいじょう》監獄で田漢先生は倒れてしまいます。なんと傾城監獄は主に殺人犯や強盗犯を収容する施設でした。文化大革命で資本主義に走ったと投獄された人たちの大部分や、優秀な学者たちもこの監獄に入れられていました。

文化大革命は、ほんとうに悲惨なものでした。田漢先生たちのような文化人を冤罪で投獄し、まったく証拠もないのに極悪犯人と決めつけ、その人権を蹂躙し、体も心もむしばんでいったのでした。

田漢先生の体は、急激に衰弱していきました。監獄の食事が食べられず、栄養を摂取できないことから、衰弱は限界に近くなっていました。

周恩来総理が病気治療の入院を指示

何回もの裁判を経て、重い病にかかっていることを知った田漢先生の大親友である周恩来《しゅうおんらい》総理から「田漢は国家の財宝であり、彼の病気を治療するために入院させなければならない」という許可を得ることができました。

周恩来総理は、とても寛容な人で、新中国建設のために一緒に戦った戦友たちが倒れて死んでいったり、自ら命を絶つという惨状を知り、悲痛に耐えられぬ思いで、自分の力を尽くして一人でも多くの人を守ろうと必死で努力した人です。文化大革命の誤謬を深く認識し、その誤りを一つひとつ丁寧に是正する努力を積み重ねることを生涯を通じて実践してきた偉大な政治家でした。

田漢先生と周恩来総理は大親友でした。年齢も同じで、若き日に日本で学んだ経験があるという点でも共通していました。政治と文化と分野が異なる世界で働いていた二人でしたが、周恩来総理は田漢先生の才能を高く評価し、その作品と活動を熱情的に支持していました。国の最高指導者として、当時、周恩来総理のことばは、もっとも重みがありました。それで、重い病に冒された田漢先生を入院させて治療を受けさせるべきだと指示したのでした。

周恩来総理は、田一族とも非常に親しくしてくれていました。田漢先生の長男・田海男《でんかいなん》が結婚した一九四九年十一月、北京飯店で盛大に結婚式、披露宴が開催されました。そのときの媒酌人が周恩来総理と鄧穎超《とうえいちょう》夫人でした。披露宴には、北京の文学界・美術界の重鎮や政財界の要人が数多く出席していました。周恩来総理夫妻は生涯のうち媒酌人をつとめたのは何組もありませんでした。その数少ない一組が田漢先生の長男の結婚式だったのでした。そこには、親友・田漢先生への深い思いがあったのです。

周恩来総理は、田漢先生の病状をとても気にしていました。大至急、田漢先生を中国人民解放軍三〇一病院に搬送するように指示を出したのですが、獄中での田漢先生の別名は李伍《りう》となっていたため、周恩来総理の指示が監獄の担当者に到達したのは、総理の指示から三日後になってしまったのでした。

田漢先生は激しい痛みに苦しめられ、食べ物はもちろんのこと飲み物すらのどを通らないような重篤な状況でした。きっと心のなかではいつも年老いた母のことを案じ、できることなら自分の無実を手紙に綴り、監獄の檻《おり》を突き破り、自分の無実を世間に訴えたいという気持ちでいっぱいだったろうと思います。

病は限界に達していました。言いたいことがあっても口にもできないほど衰弱は激しく、苦しみがあっても訴えることすらできませんでした。進行した糖尿病は日を追って田漢先生をむしばんでいきました。尿も流れて止まらず、どんなに辛い状態になっても診てもらえる医者もいません。薬すら与えられなかったのです。

監獄には病気を治療する設備もなく、毎日、毎日、自分の反革命の言動を反省する文章を書きつづけなければいけませんでした。監獄の職員は入所者はすべて重罪の犯罪人だと思っていますから、どんなに重病であっても、同情心など抱くことはなかったのでした。もちろん、看守たちは、この囚人が偉大な劇作家であり、だれもが熟知している中国国歌の作詞者であろうとは知るすべもありませんでした。

田漢先生はのどが渇《かわ》いたとき、看守に飲み水をくれるように頼みました。すると無情にも返ってきたことばは、「自分の尿でも飲んでおけ！」という非情なものでした。なんという冷酷なあつかいでしょう。田漢先生は、このことばを聞いて涙がこぼれました。そして、あまりののどの渇きに耐えられず、仕方なしに水の代わりに自分の尿を飲んでしまったのでした。

このような苛酷な状況のなか、ようやく田漢先生は周恩来総理の指示で入院し、治療を受けることができることになったのです。

しかし、あまりに病状は悪化していました。周恩来総理の願いもむなしく、一九六八年十二月十日、田漢先生はこの世を去りました。

中国国歌の作詞者であり、著名な革命の劇作家、無産階級の文芸の先駆者で中国演劇界に多大な功績のあった田漢先生ですが、誰にも知られず、その死を悼《いた》んでくれる人もなく、線香を焚いてくれる人もいないなか、たった一人で静かにその生涯を閉じました。後に残されたのは、九十歳の老母、三人の子どもたち、孫、そして生涯を通じて苦楽をともにした弟・田洪一家、未完成の劇作でした。

死者に鞭打つひどい仕打ち

悲惨な獄死を遂げた田漢先生でした。没後の扱いにおいても、死者に鞭打《むちう》つかのような冷酷な仕打ちが待っていました。なんと、故人の遺骨や遺灰すら、遺族に渡されることはなかったのでした。

後年（一九七九年）、田漢先生は冤罪で逮捕されたのであり、無実が立証され、名誉回復がなされ追悼会がおこなわれたときにも、お骨箱のなかに遺骨をおさめることはできませんでした。仕方がなく、代わりに愛用していた帽子、筆、国歌、脚本、関漢卿などをおさめました。

さらに、死後、七年も経過して、さらに田漢先生をいためつける出来事がありました。それは、一九七五年に中国共産党から、「永久除名処分」が決定されたのでした。共産党員であった田漢先生に対して、その党籍を抹消し、永久に共産党から排除するという決定です。改めて、「田漢は革命の裏切り者である」と死者に鞭打ったのでした。中国の文化と民衆のために尽力した田漢先生に対して、なんとも酷《ひど》い決定であり、多くの人が心の底で憤《いきどお》っていました。しかし、それを口にすることはできない社会状況でもありました。

狂気と混乱のなかでの出来事とはいえ、その酷い仕打ちは、田一族にとって言い難い苦痛を与えられるものでした。

数奇な運命に翻弄される『義勇軍進行曲』

田漢先生に対して中国共産党が永久処分決定をおこなった翌年の一九七六年は、中国国民にとって、忘れられない年となりました。

まず、一九七六年一月八日、民衆が敬愛する周恩来総理が病気で逝去しました。

享年七十八歳でした。民衆に愛され、偉大な指導者を失った国民の悲嘆は言いようのないものでした。

そして同じ年の一九七六年九月九日には、毛沢東主席が身体の衰弱により八十二歳でこの世を去りました。

二人の政治的指導者を中国は、ほぼ同時に失いました。しかし、一九六六年から十年間にわたってつづいてきた中国のプロレタリア社会運動であった文化大革命は終焉を迎えました。この動乱の十年間、中国社会に、そして民衆のあいだに、ぽっかりとあいてしまった大きな穴を埋めなければなりません。

国家も、社会も、経済の停滞、生産性の低さ、破壊された文化の復興、多くの貧しい国民……山積する課題に、中国の国民は困惑しつつも、偉大な中国は前進をつづける、人民は立ち上がらなくてはならない、今度こそ、新しい中国を建設しようと決意したのでした。

田漢先生の『義勇軍進行曲』も文化大革命の終わりとともに、蘇りの兆しを見せることになります。文化大革命終了後の一九七八年三月、第五次全国人民代表大会第一回会議でのことです。ここで『義勇軍進行曲』が正式な中華人民共和国国歌として決定されたのでした。

しかし、ここにはまだある種のからくりがありました。それは、メロディーは一九三五年に聶耳が作曲したものでしたが、歌詞については「修正」と称して、もともとの田漢先生の歌詞が大きく変容されたものになってしまったのです。建前としては、歌詞改訂としていたのですが、集団作詞体制との名目で田漢先生の元詞が大幅に改変されて、公開されました。その修正された歌詞は次のようなものでした。

前進！　各民族英雄的人民！
偉大的共産黨領導我們繼續長征
萬衆一心奔向共產主義明天
建設祖國保衛祖國英勇的鬥爭
前進！　前進！　前進！

我們千秋萬代
高舉毛澤東旗幟　前進！
高舉毛澤東旗幟　前進！
前進！　前進！　進！

この歌詞が示す直訳的な意味を、日本語で表わすとこのような内容です。

進め！　各民族の英雄的な人民よ！
偉大な共産党は我々を指導して長征を継続する
全ての人々が心を一つにして共産主義の明日に向かい
祖国の建設と祖国の防衛のために英雄的な闘争を行おう
進め！　進め！　進め！
我々は千秋万代にわたって（＝永遠に）
毛沢東の旗を高く掲げて進め！

毛沢東の旗を高く掲げて進め！
進め！　進め！　進め！

修正された歌詞の文言には、「毛沢東の旗を高く掲げよ」という文言がふくまれていて、毛沢東や中国共産党を讃える内容の政治色の強い歌詞でした。元々の田漢先生の詞の文言は、最後の「前進！　前進！　前進！」だけだったのでした。田漢先生の詞とは似ても似つかないものでした。

これは、まだ毛沢東の死去からあまり時間が経過していない時期であり、依然として毛沢東を信奉する勢力が政治的に力を持っていたからだろうと思います。そして、この時点では、まだ田漢先生は反革命の犯罪者であり、共産党を永久除名されていたことも大きな理由だったと思われます。いずれにしても、時の政治権力が、民衆に支持され、多くの人になじみのある『義勇軍進行曲』を国歌とすることで、国民の求心力を強めようとした意図でおこなわれたことだといえるでしょう。

ようやく名誉回復の時が来る

田漢先生が獄中で悲憤のもと、この世を去ってからおよそ十一年後の一九七九年、中国共産党中央委員会の第一号公文書により、田漢先生の名誉回復が公式に宣言されました。そこには、「田漢には、一切悪いことはなかった。革命の指導者であり、文芸界の名誉を回復しなければならない」と明確に田漢先生の投獄が冤罪であったことが記されています。

この決定は重要な意味をもつものでした。故・田漢先生の名誉が回復されることは当然のこととして、冤罪に基づくさまざまな不利益を被った田漢先生の関係者も、その名誉を回復されるという内容をふくむものだったからです。田漢先生の親類縁者も、この名誉回復によって、境遇が一転しました。

私の母は、湖南省郴州《ちんしゅう》の湘昆《しょうこん》劇団に呼びもどされ、久しぶりの長沙で、ふたたび湖南省湘《しょう》劇院の教師の職に復帰することができました。中央委員会は、未支給分の給与を全額支払ったうえ、母に謝罪しました。

父・田洪は、田漢先生逮捕以来、二十年余りの間、「反動右派」のレッテルが貼られ、常に批判の対象となっていたのですが、「田洪は右派ではない」と名誉が回復されました。父も未支給分の給与を支給され、国の幹部の退職金支払いに準じた待遇を受けました。

私の姉たちも、犯罪者の親族という汚名が晴らされ、それぞれ相応の立場を得ることができるようになりました。

田漢先生の名誉回復によって、田一族の状況は一挙に解決に向かいました。劇的な変化でした。あんなに悩み苦しんだことが嘘のように、一瞬にしてすべてが好転したのです。まるで雷が炸裂する瞬きする間に起きた出来事のようで、辛く厳しいさまざまなことも、夢を見ていたのかと思うほどの変化でした。わたしたち一家にとって、田漢先生の投獄が冤罪であったと証明されたのは、何より嬉しいことでした。

全国の文化に従事していた人たちも、田漢先生の名誉回復には大きな関心を寄せていました。文化大革命の勃発と同時に、文化人への弾圧は、代表的な四人の文化人が標的となりました。「四人の悪漢」とスキャンダラスに命名され「四条漢子」に名指しされた田漢と周揚《しゅうよう》・夏衍《かえん》・陽翰笙《ようかんしょう》の四人のうち、田漢先生を除く他の三人は、名誉回復時には、まだ健在でした。そのことを国民や文化関係者はよく知っていました。

吹き荒れる弾圧のなか、文化人への批判を一人で集中して引き受けたような形で、ただ一人、だれに看取られることもなくこの世を去った硬骨の士、田漢先生をしのび、国に民衆に大きく貢献した田漢先生の死をあらためて悲しみ惜しんだのでした。

「田漢追悼会」が催される

田漢先生の名誉が回復された一九七九年の四月二十五日、「田漢追悼会」が盛大に催されました。わたしたち親族にとって、ほんとうに田漢先生の冤罪が世間一般に認知されたのだと強く感じられる追悼会でした。

中国共産党中央委員会の機関紙で中国最大の活字メディアでもある「人民日報」は、第一面のトップニュースで田漢の追悼会が八宝山の革命公墓で行われることを報道しました。そして、テレビ、ラジオでも追悼会の実施が広報され、中国全土から文化・芸術界の著名人がつぎからつぎへと集まってきました。名誉回復された田漢先生を悼む集いに参列できることを熱望する人たちでした。

とくに演劇界からは生前の田漢先生とゆかりの俳優たちが、遠路はるばる中国各地から駆けつけました。ある人は夜を徹して汽車に揺られ、またある人は飛行機で、車で北京にやってきた人もいました。

わたしたち田家の家族は総出で、追悼会事務室に詰めて、追悼会の運営を手伝いました。中国の要人が数多く参列します。各界の著名人たちばかりです。準備しなければならないことはたくさんありました。花輪、黒い腕章、追悼詩、来賓の接待、送迎車の手配、遠い地から参列して下さる方の往復の交通手段、食事用のレストラン、宿泊ホテルなど、数えきれないほどの細々した準備事項がそれは多くありました。多忙をきわめる仕事でしたが、わたしたち親族は、喜々としてこれらの仕事に真剣に取り組みました。

中国の習慣として、追悼会では白い服を着て、黒い腕章をつけ、女性は白い花を髪にさします。白い花は「忠誠」をあらわし、また喪に服することを意味します。

この「田漢追悼会」は、中国共産党中央委員会にとっても、きわめて重要なこととらえられていました。それは、追悼会におとずれた党要人の顔ぶれが、それを如実に示していました。

追悼のことばを述べたのは胡耀邦《こようほう》党総書記でした。華国鋒《かこくほう》首相は花輪を供えました。全中国国民が敬愛する故・周恩来総理の鄧穎超《とうえいちょう》夫人、中国の国父と尊崇される孫中山《そんちゅうざん》（孫文《そんぶん》）の夫人である宋慶齢《そうけいれい》さんも出席されていました。そのほか、主要な政府指導者はこぞって追悼会に参加していたのでした。

参加者は一様に田漢先生の偉業を讃え、その早すぎた死と苦難の日々への心よりの同情の意を表明していました。しかも、わたしたち家族に握手を求め、慰めのことばをかけてくれました。

上:田漢墓(北京八宝山)
下:雨の日の田漢追悼会

この追悼会は、大きな意味がありました。中国全土に、こう宣言することになったからです。

田漢は、品行方正の人である
田漢は、中国人民の息子である
田漢は、才知に秀でた人である
田漢は死ない、いつまでも人々の心に生きている

『田漢文集』の編纂に従事

田漢先生の生誕九十周年を迎えるにあたり、中国文化部は記念大会を挙行して、田漢先生の作品を上演するとともに、『田漢文集』の編纂ならびに出版のため、特別に編纂委員会が組織されました。田漢先生がわたしの伯父だという関係で、わたしも編纂委員会の編集員に配属されることになりました。毎日のように図書館、資料館、大きな新聞社、劇団、大学などを回って、田漢先生ゆかりの資

料を収集することが仕事でした。一枚の写真、一つの資料を探し出すために信じられないほどの時間と労力を要する作業でしたが、わたしは喜びをもってこれをやり遂げました。

作業過程の途中で、資料収集のために八十歳になっていた、わたしの父・田洪が母とともに遠く長沙から北京に出向いてきました。兄・田漢先生のため、できる限りのことをしようと両親は、わざわざ北京に一軒を借りて取材に協力を惜しみませんでした。田漢先生の最も近いところで支えていた父には、編集上、尋ねたいことは山ほどあり、父の証言を録音していきます。それらすべてに父は丁寧に答えていました。幸い、高齢にもかかわらず、父の記憶は鮮明で何十年も前のことを詳しく回顧することができたのでした。

父への取材が一段落した後、一九三〇年代のようすを上海に行って、当時の知人や関係者から証言を得たり、資料を収集したいと両親が言い出しました。老齢の両親の健康が心配で、わたしは上海行きを反対したのですが、両親の決意は固く変わりません。わたしは仕方なく、両親の望みを叶えてあげることにして、妹も上海に同行することにしました。

北京と上海は、およそ千五百キロメートルも離れています。経費節約のため飛行機が使えなかったので、陸路、片道二十四時間の長旅でした。

上海では、父は精力的に昔の知人、友人たちを訪れ、懐かしい思い出話に花を咲かせていました。どこに行っても田漢先生を懐かしむ話ばかりでした。生前の人柄がしのばれる数多くのエピソードも耳にしました。

わたしは自分の伯父である田漢先生のことを、よく知っていると思い込んでいましたが、わたしがまったく知らなかった田漢先生の側面もうかがい知ることができた上海での取材でした。

父と上海の旧友たちの交流のようすは、なき田漢先生が眼前にいるかのような和やかさと親しみあふれるものでした。

「田漢先生はすでにいない。しかし、人々の心の中に田漢先生はいつまでもいる」

そう感じました。

田漢先生とゆかりのあった人たちの田漢先生への思いは永遠に忘れられることはないでしょう。

こうして膨大な作業と非常に長い時間をかけて『田漢文集』は一九八六年に中国戯劇出版社より刊行されました。全十六巻でしたが、これは、あくまで『文集』であって、田漢先生が生涯をかけておこなった仕事のすべてを網羅したものではありませんでした。しかし、この『田漢文集』は、後の田漢研究を志す研究者にとっては、田漢先生の事跡をたどる貴重な指標としての資料となり、中国はもとより日本で田漢研究をしようとした多くの人たちに活用され、その後の田漢研究が大きく進んでいくことに寄与したものでした。

ようやく、ほんとうの意味での国歌に復帰

田漢先生の名誉回復は、その代表作『義勇軍進行曲』の正しい再評価と正式に国歌として改めて認定されるに至ります。

名誉回復から三年後の一九八二年十二月、第五次全国人民代表大会第五回会議でのことです。それまで紆余曲折のあった『義勇軍進行曲』でしたが、正式に歌詞を田漢先生作詞の本来のものに戻し、国歌とすることが決定されました。激動の中国現代史とともに田漢先生が作詞した『義勇軍進行曲』もようやく正しいあつかいを受けるに至った歴史的な出来事でした。中華人民共和国国歌と認定されるとともに、『義勇軍進行曲』の名称も副題として復活することになったのでした。

このことは、歌手であり、公的な場でも国歌を歌うことがあるわたしにとって何より嬉しいことでした。敬愛する田漢先生の『義勇軍進行曲』を胸を張って高らかにうたい上げることができるようになったからです。ほんとうに誇らしい思

いになりました。

その後、二十一世紀になった二〇〇四年、中華人民共和国憲法が改正されました。中華人民共和国憲法第一三六条第二項において、「中華人民共和国国歌は『義勇軍進行曲』である」と明記されました。国の最高規範である憲法に、明確に「国歌」として明文化されるに至りました。

『義勇軍進行曲』が誕生してから、じつに七十年という年月が経っていました。

第III部

「中国から来た花嫁」と呼ばれて

著者近影

縁あって日本に嫁いできた

一九八八年、わたしは縁あって日本に在住する一人の男性と再婚することになりました。心の底で、中国から出て海外に行ってみたいと願っていたおもいが実現した結果ともなりました。

その男性は、李明暁《りめいしょう》という日本生まれの華僑でした。李さんも再婚で、奥さんを亡くし、十二歳の娘がいました。結婚を前提にお付き合いを開始し、李さん親娘が私を訪ねて北京にやってきてくれました。李さんは、誠実で頭の回転の速い人だと感じました。「この人とならやっていける」そんな気がしました。李さんも、わたしとの結婚を決意していました。

中国国籍の男性と結婚するとはいえ、国外在住ということで手続きは何かと繁雑でしたが、それらを一つひとつクリアして、わたしたちは結婚までこぎつけることができました。

そして、中国の大地を離れ、田漢《でんかん》先生も若き日に学んだ日本の地に降り立ったのでした。当時は、まだわたしの日本語は幼稚でした。日常会話もじゅうぶんではないというレベルでした。幸い、李さんは日本育ちですが、神戸中華同文《どうぶん》学校という中国系の学校出身で、ある程度は中国語を話すことができたので、ことばの面での心配や不都合を切実に感じることなく、日本での生活に入れたのは幸せだったと思います。

日本と中国は、ことばも習慣も異なります。でも、すべてがわたしには新鮮でした。十二歳の娘・美春《みはる》は、わたしの新しい娘であると同時に、わたしに日本の習慣や日本語を教えてくれる先生でもありました。

毎日を無我夢中に過ごしながら、次第に日本にも慣れていったわたしでした。幸いにも周囲の日本のみなさんが、非常にフレンドリーにわたしに接してくださいました。これには、いまでも深く感謝しています。神戸という街は、もともと国際都市としての側面があり、華僑の数も多く、中国人がことさら珍しがられないこともプラスだったと思います。

こうして、「中国から来た花嫁」は、「神戸のお母さん」になっていったのでし

天安門広場の２人

た。いろいろと苦労や小さな失敗もありましたが、幸せで充実した日本の生活でした。

夫がガンの宣告を受ける

文字通り、仕事人間の夫でした。朝早くから夜遅くまで、毎日、毎日、仕事一筋の生活を送っていました。仕事の忙しさを口実に、多少、体の具合が悪くても、なかなか病院に行こうとはしない夫でした。

一九九一年の春のある日、夫の父が病気で入院していて、病院にお見舞いに行きました。夫がまだ四十五歳の働き盛りのころのことです。会社では、支店長となる直前の時期でした。たまたま、時間があり、とくに痛みはなかったのですが、首のあたりにできものがあるので、診察してもらうように強く勧め、しぶしぶ夫も承諾し、検査をしてもらいました。

すると結果は、甲状腺ガンでした。ガン専門の大学病院に入院して手術となりました。すでにガンは「ステージ４」という状態まで進んでいましたので、甲状腺の四分の三を切除するという大手術となりました。一回の手術では終わらず、翌年、また再び手術を受けました。

その後、夫は仕事にも復帰し、薬の服用は続けていますが、以前と変わることなく活動できるまでの状態となって現在に至っています。

夫とともにガンと闘い、幸いなことに、いまも元気に生活できていることを、たいへん嬉しく思っています。

阪神・淡路大震災は大きな転機だった

一九九五年（平成七年）一月十七日に発生した阪神・淡路大震災は、わたしたち一家にとっても忘れられない出来事でした。

わたしたちが住んでいた神戸市三宮北野町は外国人も多く住んでいる地域でした。住んでいたマンションは大きな被害を受け、到底、人が住める状態ではありませんでした。家の中は、家具や物が散乱し、手のつけようもありません。もちろん家族が寝る場所もなく、途方に暮れました。

被災した夜は、寝るところも見つからず、しかたがないので夫が会社から乗ってきていた車の中で一夜をあかすことにしました。食べるものもなく、たまたま息子の弁当を前夜に用意してあったものを分け合って食べました。

それでも、わたしたち家族は全員が無事であり、命を失わずに生きていられたことだけが救いでした。

わたしたちの周囲の中国出身者には、中国政府より、「航空運賃は負担するので、即刻、帰国するように」との話があったこともあり、何もかも投げ捨て急遽、帰国した人たちも少なくありませんでした。しかし、わたしたちは、その道を選びませんでした。どんなことがあっても、この日本でがんばろう、日本で築いてきた生活を無にすることはできないと考えたからです。

夫の会社が、わたしたち一家に手を差し伸べてくれました。大阪府高槻市にある研修所を、被災した社員家族に住まいとして提供してくれました。夫は、当時、支店長職にあったので、神戸に残り、わたしと子どもたちが高槻の研修所に移りました。夫は、被災を受けたマンションで、ガスも電気も水道もない状態でがんばっていました。

当時は、情報も錯綜して混乱の極みでした。新聞やテレビで、わたしの名前に似た報道があったらしく、「田さんは、どうしたんだろう」という話も方々で喧伝されたようでした。残念なことに、中国から来ていた仲間の一人は震災で亡くなっていました。そんなこともあって、多くの知人がわたしたちのことを心配してくれていました。

身内にも被害はありました。夫の親戚で一家全員が亡くなったという悲しい知らせを受けました。

とにかく、これまでの生活のすべてが、突然、無に帰したのでした。

「東方文化芸術団」の活動を開始する

震災の打撃は、それは大きいものでした。でも、ただ悲嘆に暮れているわけにはいきません。

なにか、わたしにできることはないだろうか。

悩みに悩んだ末、やはりわたしはこれまで続けてきた中国文化と日本文化の交流にできる限り力を尽くすしかないと思い至りました。

一九九六年一月。ちょうど阪神・淡路大震災から一年が経過した頃のことです。わたしは被災者の方々からの依頼を受け、中国から十名の芸術家を招聘して、被災した人たちのためのチャリティー慰問コンサートを企画しました。最初にわたしにコンサートの話をもちかけてくれた方は、仮設住宅での不自由な暮らしを、震災一年後でも続けていました。まだまだ震災の傷が癒えることのない、多くの被災者に一筋の光を当ててほしいというのが、その方の願いでした。

夫とも相談し、自分も被災した一人として、人々のために何かできないかと考えていたこともあり、コンサート開催を快諾しました。

中国の第一線で活躍している芸術家たちの惜しみない協力もあって、コンサートは大成功をおさめました。会場に来てくださった被災者の皆さんが、ほんとうに涙を流して喜んでくださったのは忘れられません。わざわざ中国からやってきてくれた気持ちがストレートに参加者に伝わったことが印象的でした。芸術の偉大な力を、改めて痛感した慰問コンサートでした。

この慰問コンサートが大きな契機となり、恒常的に活動を展開することを決意しました。といっても、わたし一人でできることは限界があります。わたしを強力にサポートしてくれたのは夫でした。「東方文化芸術団」を設立し、多文化の共存、そして中国文化と日本文化の日常レベルでの交流をめざす活動を開始しました。

東方文化芸術団の名称は、中国から見て日本は東の方向にあたることから、「東方」という冠をつけ命名しました。

西区仮設住宅 慰問コンサート（1996年1月17日）

東方文化芸術団誕生の背景には、震災をきっかけに「人の絆」が結ばれたことがあったと思います。以前は近くに住んではいても、話をすることも少なく、あまり交流がないことが当然でした。しかし、あのような災害を経験し、わたしも、そして周囲のみなさんも、人と人が手をつなぎ、助け合い励ましあって生活していくことの大切さを身をもって理解できるようになっていたのでした。

日本人はもちろんのこと、多くの国々からやってきている人たちとの絆を強く感じられるようになっていました。そこでは、国境の壁など存在しませんでした。どこの国の出身か、どんな言語を用いているかも関係ありません。同じ地域に住まう人だという共通項があれば、たがいに分かりあえたのでした。

そうした状況のもと、わたしたちの東方文化芸術団は、一歩ずつ着実に日常活動を進めていったのでした。

チャリティーコンサートを継続開催

東方文化芸術団は、わたしだけが登場する公演ではありません。芸術団に参加している多くの人たちが日常的に歌や演劇などを学び、もともとは芸術に関してまったく素人だった人でも、多くの人に鑑賞していただけるレベルに到達して、舞台にあがることが多くあります。そうした多くの人が登場してくることが、各会場において、歓喜の渦を巻き起こしている面もあると思います。

チャリティーコンサートは、求めがあれば、どこでも開催することを原則としています。幼稚園、小中学校、老人ホーム、地域の公民館、また日中友好イベントなどからもお話があれば喜んでコンサートを開いています。

これまで開催したチャリティーコンサートの回数は、百回を超えるにいたっています。入場料をいただくコンサートもありますが、会場費や開催経費を差し引くと、ほとんど利益はありません。運営にあたって、不可欠な費用については、理解ある夫が負担してくれてきました。そして、みなさまから戴いたチャリティーコンサートの収入は、すべて日本赤十字に寄付しています。わたしはプロの芸術家としての自覚と誇りをもっていますが、わたしの活動は利益を目的とするものではなく、あくまでチャリティーのために行っているからです。

これだけ多くのコンサートを継続して実施してこれたのは、陰からいつも私を物心両面で支え続けてきてくれた夫があってこそのことと深く感謝しています。東方文化芸術団の日常活動のために、目に見えない費用もかなり多く必要となります。そうした部分は、黙って夫が負担してきてくれました。舞台に立つのはわたしですが、見えないところで支えてくれているのは、以前も、いまも夫なのです。

幾多の庶民芸術家が感動を与える

わたしたち東方文化芸術団に日常的に参加してくださっているのは、その多くが、ごく普通の庶民です。主婦であったり、学生、会社員など、それぞれ生活の糧は芸術活動以外で得ている人たちです。でも、この人たちは、芸術の素人ではありません。それは、歌にしても舞踊にしても、徹底的に訓練を重ね、長い時間をかけて各自が血のにじむような努力をつづけているからです。

東方文化芸術団におけるすべての訓練は、徹底して基礎を習得し、見てくださる方の心に訴える内容となってはじめて舞台にあがります。指導を担当する側のわたしも真剣勝負です。けっして妥協はしません。ときには、厳しい声をかけることもあります。何回も何回もリハーサルを繰り返し、徹底的に練習を重ねています。

チャリティーコンサートですので、出演者に出演料が支払われるわけではありません。いや、むしろ練習やコンサート会場への交通費、各種経費など、出演者が負担している金額も非常に大きいと思います。

それでも、みなさんは喜々として舞台で歌って踊ります。

わたしには信念があります。それは、文化や芸術というものは、けっして一部の芸術家だけのものではないということです。それは、わたしに芸術の道を示し

東方文化芸術団のメンバー

てくれた田漢先生が、つねに視線は大衆にあり、庶民を念頭において芸術活動をしていたことから学んだことでした。

わたしは中国において国策として一流の文化・芸術の体得という、厳しくそして苛酷な訓練を受けてきました。だからこそ分かるのです。ほんとうの芸術というものは、人の心に訴えるものがあるかどうかが何より大切なのだと思うのです。そして、そこでの「人」というのは、けっして一部の知識人や恵まれた境遇の人たちだけではなく、すべての人々のことだと思います。

ほんとうの文化は、庶民のなかでこそ花開き、庶民をないがしろにした文化・芸術というものは、長い年月のなかでは、その輝きを失ってしまうだろうと思います。田漢先生の作品が、長く人々に愛され、その作詞した『義勇軍進行曲《ぎゆうぐんしんこうきょく》』が八十年を経ても色あせず、人々に歌い継がれているのは、作者・田漢先生が庶民を直視して作品をつくる姿勢を生涯にわたって貫いたからだと信じています。

たとえ、表面的な技量は優れていたとしても、意外に人の心には伝わらない場合も少なくありません。それは、演じるためだけの芸術となっている場合です。

芸術は、人生そのものの発露こそが真髄ではないでしょうか。

そうした意味では、東方文化芸術団のメンバーは、一人ひとりが自らの生き方を舞台のうえで表現してくれています。チャリティーだからという甘えを廃し、一人の芸術家として各自が自身のすべてを観客に伝える努力をしてくれています。

コンサートには、それぞれの世界で活躍しているプロの演奏家や舞踏家、歌手なども友情出演してくれることがあります。そうした人たちと同じ舞台にあがる以上、一切の甘えは許されないことを、出演するすべての人がよく理解してくれています。

わたしたちのチャリティーコンサートが継続できたのは、こうした庶民芸術家の存在があったからこそだと強く思います。

「田漢生誕百周年」を迎えて

一九九八年は、田漢先生の生誕百周年にあたりました。中国でおこなわれた記念式典には、日本在住のわたしも招待を受け、参加することができました。田漢先生の姪ということで、大歓迎していただきました。

この生誕百年を記念しての事業として企画されたのが、『田漢全集』の刊行企画でした。わたしも編集に参画した『田漢文集』は、全十六巻にもおよぶものだったのですが、それでも田漢先生の全作品や各種資料をすべて収録したものとはいえませんでした。

名誉回復され、田漢研究が中国において進展しつつある状況で、生誕百年を記念して、再び田漢先生の業績をもれなく収録した全集を編集しようという気運が高まったのでした。この全集には、前回の『田漢文集』では収録されなかった田漢先生の著作や日記、書簡、文化大革命中の手記などが収録され、「全集」と呼ぶにふさわしい充実した内容となりました。

『田漢全集』は結果的に全二十巻となり、二〇〇〇年に花山文芸出版社から刊行されたのでした。この『田漢全集』の刊行は、中国国内における田漢研究者の励みとなり体系的に整理・収集された資料として、さらに研究を進める上で役立つ

田漢全集

ものとなりました。同時に、日本を中心とする中国国外の田漢研究者にとっても、より研究がしやすい文献資料がまとめられたといえるでしょう。

中国各地でも交流、公演をおこなう

もう、長く日本に住んでいるわたしですが、祖国・中国を忘れたことはありません。東方文化芸術団の発足時から、中国と日本の文化交流を目的と考えていましたので、日本で中国文化を伝えるだけではなく、中国においても日本の文化を紹介することが不可欠と考えていました。

そんなとき、伯父である田漢先生の生誕百年祭が中国で実施されることになり、わたしにも参加するようお誘いがありました。長らく日本に住んでいますが、第一の祖国である中国は、わたしにとってアイデンティティーの根幹になっています。

そして、田漢先生の姪として、日本でがんばっていることを伝えられたらと考えて中国に里帰りしたのが、たびたび中国を訪れるきっかけとなりました。

そのとき、中国で感じたことは、まだまだ中国の人たちは日本のことを知らないということでした。中日友好の大切さは、中国の人たちも分かっています。「一衣帯水《いちいたいすい》」ということばが示すように、中国と日本は海を通じてつながっています。その意味では、中国と日本は運命共同体なのです。でも、その日本が、どんな国であり、日本の文化がどのような内容なのかは、ほとんど未知の状態でした。

東方文化芸術団の日本人メンバーも同様です。中国の歌や舞踊に接してはいても、実際に中国を訪れた経験のある人は少なく、まだまだ中国は日本の人たちにとって、「近くて遠い国」という側面がありました。日本の人にも中国を訪れてほしい、そして中国の人と直接に交流する機会をつくっていきたいと考え、中国公演をおこなうことを企画しました。日本からの東方文化芸術団が中国を訪れたのは、日本人が中国を愛しているからだということを、わたしたちの公演を通じて、中国の人たちに素直に理解してもらえました。それは、国が違っても言語が異なっても、同じ人間として心と心がつながるからだろうと思います。

わたしたちの公演の模様は、中国の地元マスコミも大きくとりあげてくれ、テレビでも放映されました。中国の人たちは、それを通じて、日本人も中国と仲良くやっていきたいと思っている、ということを理解したようでした。それで、中国側から、「ぜひ、毎年、中国に来てください」と要請がありました。

そこで、東方文化芸術団のメンバーとともに、中国を訪れ、ほぼ毎年のように、中国各地で公演や人々との交流をおこなっています。これまで訪れたのは、北京、上海、大連などの主要大都市はもちろんのこと、遠く内蒙古から広東、チベットそして黒竜江と、ほぼ中国全土にわたり各地を訪問してきました。どこに行っても、現地の新聞社がわたしたちに同行して取材し、公演や各地での交流のようすを大きく取り上げて記事にしています。また、テレビ局が取材にくることも珍しくありません。

わたしたちのコンサートの意義を中国各地では、よく理解してくれるようになり、コンサート会場としては、各地の大学が会場を提供してくれています。わたしの母校である湖北芸術学院でも公演しました。

こうしたコンサートには、地元の芸術団もプログラムに加わることもあり、形だけではなく、ほんとうの意味で日中交流ができていることが、もっとも嬉しいことです。各地で日本からのメンバーと現地の人たちと直接の交流がおこなわれ、幾多のエピソードも生まれました。

この中国訪問を通じて、東方文化芸術団のメンバーは、日中友好というものが、いかに大切であり、また、人と人のつながりは、たとえ国のレベルでさまざまな課題があろうとも、庶民の交流は心が通いあうものであることを痛感しています。政治家たちが胸襟を開いて話し合うことができるようにするためにも、民間レベルでの交流はきわめて大切であると思うのです。

中国の人民は、わたしたちの訪中を、それはそれは喜んで歓迎してくれます。どの公演も大盛況で、隣国・日本からの民間外交団を温かく迎えてくれます。文字通り、国境を越えた交流をすることから、訪れた人たちは、ほんとうの中国を実感し、また中国の人たちも、正しく日本を日本人を理解していく一助となっているのではないかと思います。

わたしたちの中国を訪問しての公演は、すでに二十数回にわたっています。ほぼ、毎年、中国を訪れ、約一週間ほどの日程で、東方文化芸術団のメンバーとともに中国各地でコンサートをおこなっています。どの地でも、それは温かく迎えていただいています。

これからも、こうした民間交流を通じて、日中の小さな架け橋となれればと思っています。中国と日本という、二つの祖国をもつわたしだからこそできる日中友好活動だと考えています。

そして、わたしたちの日中交流を中国、日本の多くの人たちが協力してくださり、さまざまな面で支えていただいています。国と国が、難しい局面にある時期だからこそ、こうした民間交流の意義は大きいのではないでしょうか。

祖国の小学校建設に協力

二〇〇六年、わたしが故郷・湖南省長沙市に里帰りしたときのことです。母を伴って、華僑連合会に挨拶にいきました。すると、湖南省の方から、「明日、ある学校を見に行ってくれませんか。非常に困っている小学校です」とお話がありました。翌日、その小学校を兄とともに訪問しました。

小学校の子どもたちが、門のところに並び、わたしたちを歓迎してくれました。しかし、一歩、校内に足を踏み入れて、驚きました。校舎は傷《いた》んでいます。それだけでなく、机や椅子もボロボロでした。子どもたちが使用している文房具も粗末なもので、わたしの知っている日本の子どもたちとの違いに、心がいたみました。さまざまな教育設備は老朽化し、非常に劣悪な教育環境でした。学んでいる子どもたちが気の毒でなりませんでした。

校長先生、省や県の人たちから、口をそろえて、「この状態をなんとかしてください。子どもたちが勉強できる環境をつくってください」とお話がありました。

いろいろな資料もいただき、そこには、切実に学校への援助を求める内容が記されていました。現実の学校環境を見て、子どもたちの笑顔が心の中に残るなか日本に帰りました。

帰宅して夫に相談しました。

わたしの故郷の小学校が困っています。いまも母は、その故郷で暮らしています。そして、じつは、わたしの父は家が貧しかったこともあり、小学校教育すら受けずに育ったのでした。

あの劣悪な小学校ではなく、充実した学校で学ぶことができた子どもたちのなかから、中国のため、世界のために働いてくれる人間が育っていくかもしれません。そして、そうした援助をしたとするなら天国の父・田洪も、きっと心から喜んでくれるに違いないと思い至ったのでした。

この考えには、夫も全面的に賛成してくれました。いつもながら、わたしが何か行動しようとするとき、いつも深い理解と惜しみない協力をしてくれるのが夫です。

佐々木正子愛心学校の完成を喜び合う、佐々木正子女史と著者

課題となるのは、何より、先立つものはお金です。たまたま夫が長年にわたって勤務した会社を早期退職することになり、まとまった退職金をいただくことになりました。そして、夫は、その退職金の半分をわたしに自由に使っていいからと提供してくれました。苦労して働いた退職金を、こうも気前よく渡してくれる夫には、改めて感謝の念しかありません。

このお金を元に、郷里の小学校整備に寄付をしました。後日、郷里に、希望小学校「田偉僑心《でんいきょうしん》学校」と、わたしの名前を冠した小学校が設立されました。わたしも訪れてみましたが、以前の学校とは見違えるほど立派で、そこで学んでいる子どもたちの目の輝きを見たとき、「ああ、寄付させてもらってよかった」と強く思いました。

翌年、友人佐々木正子様も湖南省新寧県に学校を寄付されました。

東日本大震災の被災地を訪れて

二〇一一年三月十一日の東日本大震災は、わたしにとっても大きな出来事でした。それは、わたしたちは阪神・淡路大震災を身をもって体験していたからです。もう、他人事《ひとごと》ではありません。

わたしは「東方文化芸術団」のメンバーとともに、震災のあった六月に被災地を訪れました。報道で目や耳にする被災地の惨状は、わたしの心を締めつけました。思わず涙が頬をつたわります。わたしにできること……。それは、コンサートを通じて東北のみなさんを励ますことだと、『抗震歌《こうしんか》』というタイトルの歌を創作しました。

まず六月に石巻、気仙沼を訪れました。まだ震災から三カ月しか経っておらず、地震や津波の爪あとが至るところに残っていました。費用を節約するため、夜行バスを利用し、食料も自分たちで調達して持ち込みました。訪問するメンバーのなかには、中国からの留学生や中国人の芸術家もいました。

被災地でのチャリティーコンサート

チャリティーコンサートは大成功でした。同じ震災を経験したわたしたちです。みなさんの気持ちが痛いほどわかります。いま、自分は生きている。しかし、いなくなった多くの周囲の人たちのことを思うと、もう、ほんとうにやりきれない思いにとらわれます。一瞬にして、生活のすべてが消えてしまった喪失感は、どうにも表現できないほど、心に大きな穴があいたままです。

そんな被災地の人たちが、わたしたちのコンサートによって、ほんのひとときではあったのですが、拍手して、共に歌って感動し、涙したのです。その感動が、小さな小さな一歩かもしれませんが、被災地が災害から立ち上がるきっかけになってほしいと願っていました。

そして、震災の一年後にも東方文化芸術団は、ツアーを組んで被災地でのチャリティーコンサートの二回目をおこないました。

三人の子どもを育てあげて

わたしと最初の夫との間の息子・路也《みちや》は、十四歳のときに、わたしを頼って中国から来日しました。反抗期の真っ盛りでした。離婚した夫が育てていたのですが、あまり息子に手をかけることがなかったようで、寂しかったのだろうと思います。母に会いたかった急な来日でした。しかし、言葉の壁もあって日本での生活には苦労していました。

いま北京で日本料理店「虎太郎」を経営しています。日本から料理人に来てもらい、日本人留学生をアルバイトとして採用して、運営しています。お客さんは、日本人だけでなく、いま人気の和食を楽しみたい地元の中国人も多く訪れてくれているようです。

また、夫と亡くなった前の奥さんとの間に生まれた娘・美春《みはる》は、わたしが来日したとき、十二歳でした。結婚して、いま、三十九歳になりました。

そして、夫とわたしの間に生まれた息子・未来《みき》は、神戸大学を卒業して、いま証券会社に勤務しています。東京で頑張っています。

それぞれ、父親と母親の組み合わせが異なる子どもたちでした。慣れない日本で、習慣も異なります。基本的な価値観においても、中国の常識は日本では通じませんし、日本で当然と思われていることのなかにも、わたしには不思議なことが数多くあり、子育ての過程において戸惑うことの連続でした。それでも、なんとかやってこられたのは、周囲のみなさんの存在があったからだと思います。

おかげさまで、子どもたちは素直に成長しました。たいへんなことも多かったのですが、辛いと思ったことはありません。

来日後、積極的に日本社会に溶け込んでいった

日本に来て、わたしがやろうと思ったことは、なんとかして日本に溶け込みたい、日本の人たちと日常的に交流したいということでした。

まず実行したのが、自宅を会場にしての中国語教室でした。中国語を勉強した

いという人たちが、やってきてくれました。そして、わたしの中華料理が美味しいと言ってくれる人が多かったので、料理教室もおこなっていました。二胡、琵琶、民族舞踊の教室も開きました。

そうしたなか、神戸の長田《ながた》区にある長田公民館から、わたしのコンサートを開いてくれないかとの要請があり、それをお受けしたのが、日本でチャリティーコンサートを各地で開催するきっかけでした。

最初は、小さな会場でのコンサートばかりでしたが、次第に何百人、何千人の会場でもチャリティーコンサートを開けるようになり、大きな会場で毎年、恒例のコンサートをおこなっています。

こうしたコンサートには、東方文化芸術団に所属している多くのメンバーが出演するほか、わたしの活動を理解し支援してくれる中国のたくさんの芸術家たちも折りにふれてゲスト出演してくれています。なかには超一流の歌手や舞踏家も含まれていて、多くの観衆の感動を呼んでいます。

チャリティコンサートが定着し、日本各地で、そして中国全土でも公演することができるように、いまはなっているのですが、これも最初は自宅でおこなった、ほんの小さな試みが、その第一歩だったのです。

聶耳がとりもってくれた縁

「聶耳《ニエアル》がとりもってくれた縁」というタイトルは、わたしの最初の著作である『中国から来た花嫁』の巻頭に、『聶耳』という本の著者である斉藤孝治氏が寄稿してくださった文章のタイトルです。氏は、一九九九年に聶耳の伝記を上梓しました。

中華人民共和国国歌『義勇軍進行曲』を作曲した聶耳の詳細な伝記を日本に紹介するという意欲的な内容の本でした。

わたしの東方文化芸術団をいつも応援し支えてくださっている医師の公文《くもん》明《あきら》氏の紹介で斉藤氏と知り合いました。聶耳が亡くなった神奈川県藤沢市において、聶耳の業績を顕彰し、毎年、聶耳の命日である七月十七日には、聶耳の碑前において聶耳をしのぶ催しを実施していることを知りました。

そんなご縁から、神奈川県藤沢市よりお申し出があり、七月十七日の催しにご招待を受けるようになりました。式典において、聶耳の作曲した『義勇軍進行曲』をわたしが歌わせていただくのです。作曲者が亡くなった記念の地で、作詞者の姪として歌わせていただけることを、非常に嬉しく思っています。

『義勇軍進行曲』が中華人民共和国の国歌となった一九四九年に、藤沢市民有志により聶耳を記念する運動が起こり、一九五四年に記念碑が建立されました。除幕式には中国紅十字会長の李徳全《りとくぜん》女史が訪れたそうです。

一九五八年には、台風による高波で記念碑が流出する不幸なことが起きましたが、一九六五年に聶耳記念碑保存会による再建運動が始まり、同年九月に碑は再建されました。多数の藤沢市民と関係者が列席して盛大に除幕式が挙行されました。以降、多くの中国要人もこの碑を訪れているそうです。

一九八六年、聶耳没後五十周年記念事業として、藤沢市民ならびに関係者の浄財で、聶耳のレリーフ（鏡像）を建立。同時に神奈川県、藤沢市の協力を得て、

上:聶耳の記念碑の前で『義勇軍進行曲』を歌う著者
下:聶耳の記念碑の除幕式

記念碑と周辺が整備され、名称も現在の「聶耳記念広場」となりました。

中国国歌の作曲者の記念碑ですので、中国全土から非常に多くの人たちが、この聶耳記念広場を訪れます。なかには訪日の最大の目的が、この聶耳の記念碑に参拝することで訪れる中国人もいるようです。ところが、聶耳記念広場には中国語による案内表記がまったくありませんでした。そこで保存会のみなさんは、聶耳ゆかりの地である中国雲南《うんなん》省からわざわざ石碑用の石材を取り寄せ、「聶耳の略歴」と「聶耳の生涯と聶耳記念碑保存会の活動など」を中国語で彫刻した石碑を建造しました。この石碑の除幕式がとりおこなわれたのは二〇一〇年十二月のことでした。

記念碑保存会では、毎年七月十七日に聶耳に敬意を表し、その業績をしのぶことを目的として碑前祭が開催されています。二〇一五年の七月十七日には、この碑前祭に合わせ、『義勇軍進行曲』の作詞者である田漢先生の写真展も藤沢市内で開催されました。聶耳の命日に田漢先生の写真展をおこなっていただいたことで、はからずも藤沢のみなさんが、聶耳と田漢先生に藤沢の地で再会する機会をつくっていただけたような気がしました。ポッと心が温かくなるような思いでした。

わたしは、この碑前祭に最初にお招きをいただいて以来、毎年、参加し、碑前で『義勇軍進行曲』を歌わせていただいています。これからも、わたしが元気で会場に行くことができる限り、毎年、参加したいと考えています。

考えてみれば、この地で亡くなった外国人の業績を讃えてこうした記念碑を建立し、毎年、碑前祭をおこなってくださるということは、たいへんなことだと思います。藤沢市民には、おそらくは直接的に関係のない聶耳でしょう。しかし、若くして亡くなり、その業績を正しく評価して没後、長く顕彰する催しをつづけてくださっている藤沢市民のみなさま、ご関係者には、ほんとうに頭が下がります。

近年、急増している中国から日本にやってくる観光客も、この碑のことを知り、数多く訪れるようになっているそうです。隣国の偉人をこのように大切に思ってくださる人がいるということを、中国の人たちは、もっと知るべきだと思います。

そして、ここまで継続して聶耳を顕彰しつづけてくれている藤沢市民に深く敬意を表すべきではないかと思っています。

わたしは、毎年、田漢先生と聶耳の二人に語りかけたい思いで『義勇軍進行曲』を歌っています。かならずや天の二人にわたしの声が届いていると信じて。

「あとがき」にかえて

人間にとって、いちばん大切なものの一つが「文化」だろうと思います。

中国人は、あの文化大革命において大きなものを失いました。文化を支える多くの有能な人たちです。非常に多くの人たちを悲しみのどん底に突き落とすようなことをしてしまったのです。そして、歴史が育んできた貴重な文化遺産の多くを失ったのが、文化大革命でした。

それに対し、日本は二千年以上におよぶ国の歴史を大切に大切に、いまの時代にまで伝えてきています。いま、世界中が注目している和食も、庭園も、多くの木造建築も残し続けています。そこには、多くの日本人の努力があるからだと思います。文化を破壊することは、国を壊してしまうことです。

　唐招提寺《とうしょうだいじ》を訪れたとき、その昔、中国から苦難を乗り越えてやってきた鑑真《がんじん》和上《わじょう》の偉大な功績をあらためて痛感しました。そして、日本の人たちは、その鑑真和上の功績を讃え、いまも唐招提寺を守りつづけています。これは偉大なことです。唐招提寺を守りつづけてきた事実を評価すべきです。これだけの長い時間にわたり、鑑真和上の業績を後世に継承しつづけきたということを正しく評価することが大事だと思うのです。

　多くの中国人が日本に来ています。これから、その数はより増大していくだろうとも予測できます。中国人にとって、それだけ日本が魅力のある地だといえるでしょう。しかし、その中国人たちは鑑真和上のことを思い、自身が日本で鑑真和上と同じ気持ちで生活しているでしょうか。

　わたしたちは後世に優れた文化を伝えていく義務があると思います。芸術家はもちろん、一人ひとりの庶民においても同じことだと思います。文化を大切にするところには戦争は生まれません。わたしは日本に来て、このことに気づきました。

文化を大切にしてきた日本を、わたしは尊敬し、中国からの文化を現在に伝えてきてくれたことに心から感謝しています。

ですから、わたしは、あらゆる面において、この文化を大切にする活動をしてきました。東方文化芸術団は、文化を庶民のなかで花開かせ、次代に文化を継承していく使命があると考えています。そして、それを長年にわたってつづけてきました。

わたしたち一人ひとりは、ほんの小さな砂粒かもしれません。しかし、文化をまもり伝える仲間が増えれば、その砂は石となり、そしてゆくゆくは岩となっていくと信じています。

わたしは、この本を中華人民共和国国歌を縦糸《たていと》として書かせていただきました。そして横糸には、わたしの人生を織り込ませたつもりです。本書にも述べたように中華人民共和国国歌を作詞した田漢《でんかん》先生は、文化大革命の犠牲となって、この世を去りました。作曲者の聶耳《ニエアル》も自らの曲が祖国の国歌となったことは知らずに日本で客死しました。作詞者・作曲者は亡くなりましたが、その作品はいまも生きつづけています。

二〇一五年は、中国国歌が誕生して八十周年を迎える年になりました。中国という国家が消滅するかもしれないという時に誕生したのが『義勇軍進行曲』でした。その歌が八十年にわたって生きつづけてきた意義を考えてみたいと思います。

わたしには、中国と日本という二つの祖国があります。その二つの祖国と密接な関係をもって生きつづけてきたのが、いまの中国国歌です。不思議な縁を感じつつ、中国と日本がきわめて深い関係にあることを、本書執筆を通じて再認識できたような気がしています。

わたしは、今回、この本の出版にあたり、中国と日本の二つの祖国に、それぞれの文化を伝える使命を少しでも果たせればと考えて執筆しました。

最後に、本書が生まれるまで、さまざまな援助、アドバイス、激励をいただいた多くのみなさまに御礼を申し上げます。また、本書執筆のために多くの著作を参考とさせていただきましたことも記して、御礼申し上げたいと思います。

そして、ここまでわたしを支えてくれた夫、三人の子どもたちにも心より感謝しています。

二〇一五年十二月

田 偉

参考文献

『田漢文集』中国戯劇出版社
『田漢全集』花山文芸出版社
董健・著『田漢伝』（中国現代作家伝記叢書）北京十月文芸出版社
小谷一郎・著『田漢と日本（一）』「日本アジア研究」創刊号所収
岩崎富久男・著『田漢の冤罪』「明治大学教養論集」通巻三一一号所収
神奈川県藤沢市ホームページ『中華人民共和国国歌の作曲者 聶耳』

引用・参照させていただきましたことを感謝申し上げます。

協力

写真撮影　井部昌之
中国語翻訳　遠藤英湖

田偉《でんい》（橋本麗莎）

一九五二年　中国湖南省長沙生れ
一九六五年　湖北武漢音楽学院入学
一九七〇年　湖北省歌舞劇院バレリーナ
一九七八年　北京中国戯劇出版社へ
一九八八年　神戸に来日
一九九六年　阪神・淡路大震災後〝東方文化芸術団〟設立
二〇一二年　兵庫県友好親善大使に任命
　　　　　　ＮＰＯ法人　田漢文化交流会理事長
現在　　　　音楽プロデューサー、講演、イベント企画、執筆活動などで活躍

著書
『中国から来た花嫁・田偉』（新風社、二〇〇二年）、『百葉一枝花』（神戸新聞綜合出版センター、二〇〇七年）

ＣＤ
『偉々の世界』『私の願い』

田漢　聶耳　中国国歌八十年

二〇一五年一二月二五日　初版第一刷印刷
二〇一六年一月二〇日　初版第一刷発行

著者……田《でん》偉《い》（橋本麗莎）

発行者……森下紀夫
発行所……論創社
東京都千代田区神田神保町二−二三　北井ビル　一〇一−〇〇五一
電話　〇三−三二六四−五二五四　ファックス　〇三−三二六四−五二三二
web. http://www.ronso.co.jp/
振替口座　〇〇一六〇−一−一五五二六六

装幀……宗利淳一
印刷・製本……中央精版印刷

ISBN978-4-8460-1495-7　